CB057735

Queer, Fascist, Hideous, Those Shits

George Orwell

GEORGE ORWELL
O QUE É FASCISMO? E OUTROS ENSAIOS

Organização e prefácio
Sérgio Augusto

Tradução
Paulo Geiger

9ª reimpressão

COMPANHIA DAS LETRAS

Copyright © | by Espólio de Sonia Brownell Orwell

Grafia atualizada segundo o Acordo Ortográfico da Língua Portuguesa de 1990, que entrou em vigor no Brasil em 2009.

Capa | Kiko Farkas e Ana Lobo/ Máquina Estúdio

Foto de capa | Acima: Bettmann/ Corbis/ Bettmann Archive/ Getty Images
Abaixo: Universal History Archive/ UIG/ Getty Images

Preparação | Erika Nakahata

Revisão | Márcia Moura
Luciane Varela Gomide

Dados Internacionais de Catalogação na Publicação (CIP)
(Câmara Brasileira do Livro, SP, Brasil)

Orwell, George
O que é fascismo? : e outros ensaios / George Orwell ; tradução Paulo Geiger ; organização e prefácio Sérgio Augusto. — 1ª ed. — São Paulo : Companhia das Letras, 2017.

ISBN 978-85-359-2889-1

1. Ciências políticas 2. Ensaios 3. Fascismo 4. Sociologia política I. Augusto, Sérgio. II. Título.

17-01892 CDD-320.533

Índice para catálogo sistemático:
1. Fascismo : Ciências políticas : Ensaios 320.533

[2021]
Todos os direitos desta edição reservados à
EDITORA SCHWARCZ S.A.
Rua Bandeira Paulista, 702, cj. 32
04532-002 — São Paulo — SP
Telefone: (11) 3707-3500
www.companhiadasletras.com.br
www.blogdacompanhia.com.br
facebook.com/companhiadasletras
instagram.com/companhiadasletras
twitter.com/cialetras

Sumário

Prefácio
9   O jornalista exemplar

15 Resenha — *A guerra civil na Espanha*, de Frank Jellinek

20 Sem contar os crioulos

27 Resenha — *Mein Kampf,* de Adolf Hitler (tradução integral)

31 Profecias do fascismo

- 36 O grande ditador
- 41 W. B. Yeats
- 50 A literatura e a esquerda
- 54 Quem são os criminosos de guerra?
- 63 Socialistas podem ser felizes?
- 73 Ezra Pound
- 75 História e mentiras
- 79 Biografias
- 85 O que é fascismo?
- 90 Limites de viagem na Europa
- 93 Propaganda
- 96 Koestler e o ramo do livro
- 99 Resenha — *O negro do Narciso, Tufão, A linha de sombra, Dentro das marés*, de Joseph Conrad
- 102 Arthur Koestler
- 117 Raffles e miss Blandish
- 136 Sobre panfletos
- 141 Resenha — *Nós*, de E. I. Zamyatin
- 147 Iugoslávia e expurgo de escritores
- 150 Resenha — *A alma do homem sob o socialismo*, de Oscar Wilde
- 154 Resenha — *Notas para uma definição de cultura*, de T.S. Eliot

Prefácio
O jornalista exemplar

Por algum tempo, a reputação póstuma de George Orwell dependeu de duas obras ficcionais — A revolução dos bichos e 1984 — e de apenas três ensaios, amiúde recolhidos em antologias do gênero e traduzidos pela Companhia das Letras neste século: "Dentro da baleia" e "O abate de um elefante" (*Dentro da baleia e outros ensaios*, 2005), e "A política e a língua inglesa" (*Como morrem os pobres e outros ensaios*, 2011). Seus dois romances cedo se tornaram referências fundamentais da literatura especulativa de inspiração política: o alegórico A revolução dos bichos influenciou até Chico Buarque (*Fazenda modelo*), e expressões como Big Brother [Grande Irmão] e Newspeak [Novafala], lançadas em 1984, há muito caíram na boca do povo e na cloaca televisiva. À medida que a Guerra Fria avançava e os embates ideológicos se polarizavam ainda mais, o interesse pelos seus demais ensaios multiplicou-se em ritmo que não seria exagero qualificar de avassalador. E não apenas nos países de língua inglesa. Nem somente junto aos leitores liberais e mais à esquerda.

Como explicar todo esse interesse — para não falar fascínio — pela obra ensaística de Orwell?

Seus textos, em prosa límpida como a chuva e persuasivos por força da lucidez dos argumentos e da integridade moral do autor, eram os de um panfletário com um desconcertante senso de equilíbrio e serena indignação. Pensava sempre com clareza sobre a história que se desenrolava diante de seus olhos, não raro vivenciando-a intensamente. Passou fome em Paris e Londres para sentir como viviam a classe operária e o lúmpen daquelas luxuosas metrópoles; levou um tiro no pescoço durante a Guerra Civil na Espanha, de que participou munido de uma máquina de escrever e um fuzil.

A partir do momento em que deixou de ser Eric Arthur Blair, seu nome de batismo, para tornar-se George Orwell, viveu exclusivamente de escrever: reportagens, artigos, ensaios, narrativas pessoais e romances indisfarçavelmente ensaísticos. Jamais escondeu que sua maior ambição "era fazer do texto político uma arte". Fez. Herbert Read não foi o primeiro nem o último a reconhecer que Orwell deu ao jornalismo "a dignidade da literatura".

Ele foi muito mais que um repórter ou um sociólogo amador. Intrépido e pertinaz defensor de causas em geral perdidas, estava sempre alerta em defesa da liberdade, sobretudo a de expressão, que definia como "o direito de dizer às pessoas o que elas não querem ouvir", e, por tabela, contra o totalitarismo de qualquer matiz. "Cada linha de tudo que de sério escrevi a partir de 1936 foi escrita contra, direta ou indiretamente, o totalitarismo e a favor do socialismo democrático como o entendo", declarou em 1946.

Alto e ossudo, não era quixotesco só na aparência. O futuro socialismo de seus sonhos — democrático e igualitário — nunca se concretizou. Embora tenha aventado a hipótese de Hitler vir a cometer suicídio, não era dado a profecias. Suas previsões sobre o pós-guerra falharam (chegou a preconizar uma federação de repúblicas socialistas mas não comunistas, uma União Europeia social-democrata *avant la lettre*), e falharam porque em suas conjecturas não incluiu os Estados Unidos. Embirrava com os americanos, achava-os vulgares e materialistas, subestimou-lhes o protagonismo econômico e nuclear. Mesmo quando os levou em consideração, errou feio. Num artigo para a Partisan Review, em 1947, anteviu um holocausto nuclear precipitado pelos Estados Unidos e pela União Soviética que remeteria o planeta de volta à Idade do Bronze, de onde ressurgiria uma civilização salutarmente alérgica a armas de destruição em massa.

Herdeiro de uma formidável tradição ensaística, que remonta a Samuel Johnson, Charles Lamb e William Hazzlitt, Orwell não deixou seguidores facilmente identificáveis. Talvez os jovens escritores de protesto britânicos dos anos 1950, os "angry young men", mereçam ser considerados, e também o polêmico polímata Christopher Hitchens, autor, aliás, de um entusiástico estudo sobre o escritor, A vitória de Orwell. Difícil imaginar um sucedâneo de Orwell no universo jornalístico de hoje, com tantas restrições de espaço e independência, e tanto estímulo à banalização.

Se os comunistas ortodoxos sempre o viram com desconfiança e mesmo antipatia por suas críticas ao stalinismo, de forma escrachada na alegórica novela A revolução dos bichos e, em clave mais circunspecta, no distópico 1984, os conservadores frequentemente o usaram pro domo sua, menosprezando os elementos que na composição daquelas duas obras eram frutos da convivência do autor com o colonialismo britânico na Índia e o modus operandi do serviço secreto inglês na Ásia e África. No auge da Guerra Fria (de resto, uma expressão atribuída a Orwell), os reaças mais inescrupulosos do lado americano lhe ergueram um pedestal.

O primeiro abuso da direita foi a compra secreta dos direitos de A revolução dos bichos pelo agente da CIA Howard Hunt para a produção de um filme de animação, pouco depois da morte de Orwell. Hunt, que duas décadas depois seria uma figura-chave no escândalo Watergate, adulterou o final da história, acrescentando-lhe um apócrifo *happy end* e reduzindo a novela a uma peça de propaganda anticomunista, que rodou o mundo sob os auspícios do Departamento de Estado americano. Quando, em 1949, lançaram *1984* nos Estados Unidos, a revista *Life* não só pôs o romance nos cornos da lua como nele vislumbrou uma denúncia do "totalitarismo intrínseco" do New Deal rooseveltiano, dedução que qualquer pessoa intelectualmente honesta só não repudiaria com mais veemência que o próprio Orwell.

Para este terceiro volume de ensaios orwellianos publicados pela Companhia das Letras, selecionei 24 textos inéditos em livro no Brasil, escritos no espaço de dez anos, de 1938 a 1948, cobrindo a guerra contra o nazifascismo na Europa e as primeiras escaramuças ideológicas da Guerra Fria, até quase a aposentadoria definitiva de Orwell, que morreu de tuberculose em 21 de janeiro de 1950, com 46 anos. Nesse período, ele trabalhou na BBC e na Guarda Costeira, até plantou batatas como esforço de guerra, publicou quatro livros (o último, *1984*, lançado sete meses antes de sua morte) e editou outros tantos, morou por uns tempos e por recomendação médica no Marrocos e escreveu, profusamente, sobre política, arte, literatura, peças, filmes, censura, cultura pop e pornografia para um punhado de publicações intelectuais inglesas e americanas.

Em julho de 1938, data de publicação do primeiro ensaio deste volume (uma resenha do "melhor livro sobre a guerra espanhola de um ponto de vista comunista", para a revista socialista americana *The New Leader*), Orwell tratava dos pulmões num sanatório. Fazia um ano que fugira às pressas de Barcelona, onde os comunistas haviam assumido o poder e posto na ilegalidade o Partido Operário de Unificação Marxista (POUM), em cujas hostes o jornalista escritor atuara como miliciano. Já publicara seis obras, de ficção e não ficção, quatro delas baseadas em experiências pessoais, na antiga Birmânia (atual Myanmar), entre os pobres de Paris e Londres, nas regiões mais miseráveis do norte da Inglaterra e na Guerra Civil da Espanha.

Seu principal reduto foi o *Tribune*, quinzenário socialista londrino, de tendência democrática, em cujas páginas analisou e discutiu as profecias do fascismo, a literatura e a esquerda, os criminosos de guerra, a complicada relação dos socialistas com o paraíso e o inferno, a panfletagem política (de que se tornou profundo *connoisseur* e colecionador). Também lá ocupou-se, a partir de dezembro de 1943, de uma coluna fixa de comentários já no nome (As I please, ou seja, "Como eu quiser") um atestado de independência total.

De variado tamanho, discursivas e sem receio de polêmica, nelas cabia de tudo, de temas transcendentais (as mentiras alimentadas pelas guerras, a essência do fascismo, as barreiras internacionais impostas pelo nacionalismo e os Estados totalitários, a mesmice da propaganda de esquerda e direita, os expurgos de escritores nos regimes comunistas) a amenidades que por vezes surpreendiam negativamente os leitores com menor jogo de cintura e impermeáveis ao humor, algo sardônico, do colunista.

Por considerá-los de fôlego curto, George Packer alijou esses textos integralmente da ótima antologia (*Critical Essays*) que em 2009 organizou para a editora Harvill Secker, não sem antes reconhecer que de um deles, em que Orwell criticava o uso abusivo de vocábulos políticos por seus colegas de imprensa, brotou o fundamental ensaio "A política e a língua inglesa". Minimizar a importância dos arrazoados de *As I please* tem sido a norma dos compiladores de ensaios de Orwell, com a qual orgulhosamente rompi. Extraí algumas notas e dispensei as que me pareceram datadas, supérfluas ou mesmo obscuras aos olhos do presente.

As colunas são uma mina de preciosos insights sobre a cultura, em especial sobre o jornalismo literário e o mercado editorial, cujos percalços, diga-se, pouco mudaram nas décadas seguintes. Os três parágrafos dedicados à desdita do poeta Ezra Pound, ameaçado até de execução como traidor pró-fascista no final da guerra, não fazem feio entre as reflexões mais longas de Orwell. Ele talvez tenha sido o primeiro intelectual de peso a afirmar que Pound, diferentemente do que se dizia na época, não era louco nem se vendera ao regime de Mussolini por dinheiro, mas buscava prestígio, adulação e uma cátedra universitária — no que, aliás, foi bem-sucedido.

Fascismo, nazismo, comunismo, autoritarismo, imperialismo são os tópicos mais frequentes nos ensaios. Orwell não aliviava para os seus "aliados"; volta e meia alfinetava a hipocrisia dos impérios europeus que oprimiam e exploravam seus colonos na África e Ásia como "raças submissas" e julgavam-se acima do bem e do mal, antípodas perfeitos dos Estados nazifascistas. Não eram.

A despeito de algumas avaliações equivocadas, como duvidar que a obra de Virginia Woolf perdurasse mais que *A cabana do Pai Tomás*, o crítico cultural Orwell acertou muito mais que errou. Foi um dos primeiros a levar a sério o surgimento da cultura de massa e a apreciá-la sem preconceitos. Seus ensaios representam um profundo compromisso democrático com todas as formas de criação e com a leitura em particular. Defendeu Yeats, Eliot, Joyce e Lawrence — "escritores originais e com poder de persistência" — contra as críticas de marxistas doutrinários, cujos juízos de natureza ostensivamente literária tinham finalidade política. Shakespeare, Swift, Dickens, Flaubert, Joyce, Eliot e Lawrence dividiam o seu panteão privado, mas foi com Somerset Maugham e Graham Greene, sobretudo com o primeiro, que confessadamente aprendeu a narrar uma história de maneira direta, sem firulas. Tinha especial apreço por escritores políticos — Ignacio Silone, André Malraux, Arthur Koestler, Victor Serge — porque eles "viram o totalitarismo de perto", deferência que estendeu aos fantasistas políticos — o Jack London de *O tacão de ferro*, o Aldous Huxley de *Admirável mundo novo*, o Eugene Zamyatin de *Nós* —, seus irmãos na distopia, sobre os quais escreveu algumas de suas páginas mais inspiradas.

Sérgio Augusto

Resenha

A *guerra civil na Espanha*, de Frank Jellinek

O livro de Frank Jellinek sobre a Comuna de Paris teve suas falhas, mas o revelou como um homem de mente incomum. Ele se mostrou capaz de captar os reais fatos da história, as mudanças sociais e econômicas que subjazem a acontecimentos espetaculares, sem perder o contato com os aspectos pitorescos com os quais os historiadores burgueses costumam se dar muito melhor. No todo, seu livro atual confirma o que o outro prometera. Mostra sinais de precipitação e contém algumas deturpações que apontarei mais adiante, mas é provavelmente o melhor livro sobre a guerra espanhola de um ponto de vista comunista que com certeza ainda teremos por algum tempo.

Muito do que há de mais útil no livro está na primeira parte, que descreve a longa cadeia de causas que levaram à guerra e as questões fundamentais em jogo. A aristocracia parasita e as aterradoras condições dos camponeses (antes da guerra, 65% da população da Espanha possuía 6,3% da terra enquanto 4% dos habitantes possuíam 60% da terra), o atraso do capitalismo espanhol e a dominância dos capitalistas estrangeiros, a corrupção na Igreja e a ascensão dos movimentos obreiros socialista e anarquista — tudo isso é tratado numa série de brilhantes capítulos. A breve biografia que o sr. Jellinek nos oferece de Juan March, o velho contrabandista de tabaco que é um dos homens por trás da rebelião fascista (embora, de modo bastante estranho, ele seja tido como judeu), é uma maravilhosa história de corrupção. Seria uma leitura fascinante se March fosse apenas um personagem de Edgar Wallace; infelizmente, ocorre que é um homem real.

O capítulo sobre a Igreja não deixa muita dúvida quanto às razões por que quase todas as igrejas na Catalunha e no leste de Aragão foram queimadas quando da irrupção da guerra. Aliás, é interessante saber que, se os dados do sr. Jellinek estão corretos, a organização mundial de jesuítas só conta com 22 mil pessoas. Por sua completa eficiência, elas desancariam todos os partidos políticos do mundo. Mas o "homem de negócios" dos jesuítas na Espanha está, ou estava, na diretoria de 43 companhias!

No final do livro há um capítulo bem equilibrado sobre as mudanças sociais que ocorreram nos primeiros meses da guerra, além de um apêndice sobre o decreto de coletivização na Catalunha. Diferentemente da maioria dos observadores britânicos, o sr. Jellinek não subestima os anarquistas espanhóis. Em seu tratamento do POUM, contudo, não há dúvida de que ele é parcial, e — não há muita dúvida quanto a isso tampouco — intencionalmente parcial.

Como se poderia imaginar, voltei-me primeiro para o capítulo que descreve a luta em Barcelona, em maio de 1937, porque tanto o sr. Jellinek como eu estivemos em Barcelona naquela época, e isso me deu um parâmetro para verificar sua precisão. Seu relato da luta é um tanto menos propagandístico do que os que apareceram na imprensa comunista na época, mas certamente é parcial, e seria enganoso para qualquer um que nada conhecesse dos fatos. Para começar, às vezes ele parece aceitar a história de que o POUM era na realidade uma organização fascista disfarçada, e refere-se a "documentos" que "demonstram conclusivamente" isso e aquilo, sem nos dizer nada mais sobre esses misteriosos documentos — que, de fato, nunca foram apresentados. Ele menciona até mesmo o célebre documento "N" (embora admita que "N" provavelmente não se refere a Nin),* e ignora o fato de que Irujo, o ministro da Justiça, declarou que esse documento era "inútil", i.e., que era uma contrafação. Ele apenas declara que Nin foi "preso", sem citar que desapareceu e que é quase certo que tenha sido assassinado. Mais ainda, ele deixa a cronologia indefinida e — de maneira intencional ou não — transmite a impressão de que a alegada descoberta de um complô fascista, a prisão de Nin etc., ocorrera *imediatamente após* a luta em maio.

Este aspecto é importante. A supressão do POUM não ocorreu imediatamente após a luta em maio. Houve um intervalo de cinco semanas. A luta terminou em 7 de maio e Nin foi preso em 15 de junho. A supressão do POUM só ocorreu depois, e quase com certeza como resultado da mudança no governo de Valência. Notei que houve várias tentativas da imprensa de confundir essas datas. O motivo é bastante óbvio; contudo, não pode haver dúvida quanto a essa questão, pois todos os eventos principais foram registrados pelos jornais na época.

Muito curiosamente, em cerca de 20 de junho, o correspondente do *Manchester Guardian* em Barcelona enviou para cá um despacho** no qual ele contradiz as acusações absurdas contra o POUM — em tais circunstâncias, um ato bastante corajoso. Esse correspondente deve ter sido, quase com toda a certeza, o próprio sr.

---

* O documento "N", uma carta forjada que os comunistas pretenderam ter sido de Andreas Nin, membro preeminente do POUM, para Franco, e na qual basearam suas acusações de uma conspiração entre o POUM e Franco para com isso justificar a supressão do POUM. Mais tarde, Nin foi assassinado na prisão pelos comunistas. (N. E.)
** "Barcelona após o levante", de nosso correspondente especial, no *Manchester Guardian*, 26 de junho de 1937. (N. E.)

Jellinek. Pena que para fins de propaganda ele não tivesse achado necessário repetir uma história que depois desse intervalo de tempo parece ser ainda mais improvável.

Suas observações sobre o POUM ocupam considerável parte do livro e têm um ar de preconceito que seria óbvio mesmo para quem não conhecesse coisa alguma sobre os partidos políticos espanhóis. Ele acha necessário denegrir até um trabalho útil como aquele realizado por Nin como conselheiro de Justiça, e tem o cuidado de não mencionar que o POUM registrou importante participação, seja nas primeiras lutas contra os fascistas, seja na frente de combate. E em todas as suas observações sobre a "atitude provocadora" dos jornais do POUM parece que dificilmente lhe ocorre que havia tudo quanto é provocação do outro lado. No longo prazo, esse tipo de coisa derruba seu próprio objetivo. Seu efeito em mim, por exemplo, é fazer-me pensar: "Se eu acho que este livro não é confiável onde ocorre de eu conhecer os fatos, como posso confiar nele onde não os conheço?". E muitos outros hão de pensar a mesma coisa.

Na verdade, estou disposto a acreditar que no geral o sr. Jellinek é bem imparcial, além de imensamente bem informado. Mas quando trata do trotskismo ele escreve como um comunista, ou partisan comunista, e não é possível a um comunista, hoje, demonstrar em relação a esse assunto mais bom senso do que em relação ao tema do "Fascismo Social" há alguns anos. A propósito, a velocidade com que os anjos da mitologia comunista tornam-se demônios tem seu lado cômico. O sr. Jellinek cita, demonstrando aprovação, uma denúncia ao POUM feita pelo cônsul russo em Barcelona, Antonov-Ovseenko, hoje sendo julgado como trotskista!

Como um todo, um livro excelente, repleto de informação e muito fácil de ler. Mas é preciso lidar com ele com certa cautela, porque o autor está pressionado pela necessidade de demonstrar que, embora outras pessoas possam às vezes estar certas, o Partido

Comunista tem sempre razão. Não importa muito que quase todos os livros de comunistas sejam propaganda. A maioria dos livros é propaganda, direta ou indireta. O problema é que os escritores comunistas são obrigados a reivindicar a infalibilidade dos chefes de seu partido. Como resultado, a literatura comunista tende cada vez mais a se tornar um mecanismo de explicação de erros.

Diferentemente de outras pessoas que escreveram sobre a guerra espanhola, o sr. Jellinek de fato conhece a Espanha: sua língua, seu povo, seus territórios e a luta política dos últimos cem anos. Poucas pessoas são mais qualificadas que ele para escrever com autoridade uma história da guerra espanhola. Talvez algum dia ele o faça. Mas provavelmente será daqui a muito tempo, quando essa luta de sombras contra o "trotskifascismo" tiver sido abandonada em benefício de outro hobby.

New Leader (Londres), 8 de julho de 1938

*

Sem contar os crioulos

Uma dúzia de anos atrás, quem quer que previsse o alinhamento político de hoje teria sido considerado um lunático. Mas a verdade é que a situação atual — não em detalhes, é claro, mas em suas linhas gerais — deveria ser previsível mesmo na era de ouro anterior a Hitler. Algo assim era de esperar que acontecesse no momento em que a segurança britânica fosse seriamente ameaçada.

Num país próspero, sobretudo num país imperialista, as políticas de esquerda são sempre, em parte, uma tapeação. Não pode haver uma reconstrução real que não leve, ao menos temporariamente, a uma queda no padrão de vida inglês, o que é outro modo de dizer que, na maioria, os políticos e jornalistas de esquerda são pessoas que ganham a vida pedindo algo que na verdade não querem. São ardentes revolucionários enquanto tudo vai bem, mas cada real emergência revela instantaneamente que estão simulando. Uma ameaça ao canal de Suez e descobre-se que o "antifascismo" e "a defesa dos interesses britânicos" são idênticos.

Seria muito superficial, bem como injusto, sugerir que no que agora é chamado de "antifascismo" não existe *nada* a não ser preocupação com dividendos britânicos. Mas é fato que as obscenidades políticas dos últimos dois anos, esse tipo de palhaçada monstruosa em que todo mundo está constantemente andando pelo palco com um nariz falso — quacres clamando por um exército maior, comunistas agitando Union Jacks, Winston Churchill posando de democrata —, não seriam possíveis sem essa consciência culpada de que estamos todos no mesmo barco. É muito a contragosto que a classe governante britânica tem sido obrigada a tomar uma posição anti-Hitler. Ainda é possível que consigam se livrar disso, mas estão se armando na óbvia expectativa da guerra, e é quase certo que vão lutar quando se chegar ao ponto em que a alternativa seria abrir mão de sua propriedade em vez de, como foi até agora, sacrificar as de outras pessoas. E enquanto isso a assim chamada oposição, no lugar de tentar deter a tendência para a guerra, está correndo na frente, preparando o terreno e se precavendo contra qualquer possível crítica. Até onde se possa descobrir, o povo inglês ainda está extremamente hostil à ideia da guerra, mas, assim que se reconciliarem com ela, os responsáveis não serão os militaristas, e sim os "antimilitaristas" de cinco anos atrás. O Partido Trabalhista mantém uma ardilosa lamúria contra o recrutamento ao mesmo tempo que sua própria propaganda torna impossível qualquer esforço contrário a ele. As metralhadoras Bren jorram das fábricas, livros com títulos como *Tanques nas próximas guerras, Gás nas próximas guerras* etc. jorram das gráficas, e os guerreiros do *New Statement* dissimulam a verdadeira natureza do processo por meio de expressões como "Bloco da Paz", "Frente da Paz", "Frente Democrática" e, em geral, fingindo que o mundo é um ajuntamento de ovelhas e bodes, ordenadamente dividido por fronteiras nacionais.

Com relação a isso vale a pena dar uma olhada no muito discutido livro do sr. Streit chamado *Union Now*.* O sr. Streit, assim como os partisans do "Bloco da Paz", quer que as democracias se unam contra as ditaduras, mas seu livro se destaca por duas outras razões. Para começar, ele vai mais além do que a maioria dos outros e oferece um plano que, mesmo sendo espantoso, é construtivo. Segundo, a despeito de uma típica ingenuidade bem americana do século XIX, ele tem uma atitude mental bastante decente. Abomina genuinamente a ideia de uma guerra e não mergulha na hipocrisia de fingir que todo país que possa ser trazido para a órbita britânica ou forçado a entrar nela se tornaria de imediato uma democracia. Seu livro, portanto, apresenta uma espécie de caso teste. Nele você enxerga a teoria das ovelhas e bodes em seu *ápice*. Se não puder aceitá-la dessa forma, você certamente jamais a aceitará na forma apresentada pelo Clube do Livro da Esquerda.

Em resumo, o que o sr. Streit sugere é que as nações democráticas, a começar pelas quinze que ele nomeia, deveriam formar voluntariamente uma união — não uma liga ou uma aliança, mas uma união, semelhante aos Estados Unidos, com um governo comum, uma moeda comum e um mercado interno completamente livre. Os primeiros quinze Estados são, é claro, Estados Unidos, França, Grã-Bretanha, os domínios autogovernados do Império britânico, além das democracias europeias menores, sem incluir a Tchecoslováquia, que ainda existiam quando o livro foi escrito. Mais tarde, outros Estados poderiam ser admitidos na União, se e quando "se mostrassem merecedores". Fica implícito o tempo todo que o estado de paz e prosperidade existente na União seria tão invejável que todos os outros logo estariam ansiosos por se juntar a ela.

Vale a pena notar que esse esquema não é tão visionário quanto parece. É claro que ele não vai se concretizar, nada que é de-

---

* Por Clarence K. Streit. (N. E.)

fendido por estudiosos bem-intencionados jamais acontece, e há certas dificuldades das quais o sr. Streit não trata; mas isso pertence à ordem natural das coisas que *poderiam* acontecer. Em termos geográficos, os Estados Unidos e as democracias da Europa ocidental estão mais perto de ser uma união do que, por exemplo, o Império britânico. A maior parte de seu comércio é feita entre eles, que têm dentro de seus territórios tudo de que necessitam, e o sr. Streit provavelmente está certo quando alega que suas forças combinadas seriam poderosas o suficiente para fazer com que qualquer ataque a elas fosse inútil, mesmo que a URSS se juntasse à Alemanha. Por que então alguém veria, só de relance, que esse esquema tem algo de errado? O que, no tocante a ele, cheira mal? Porque ele *de fato* cheira mal, é claro.

O que cheira mal, como sempre, é a hipocrisia e o farisaísmo. O próprio sr. Streit não é um hipócrita, mas sua visão é limitada. Olhem outra vez para a lista de ovelhas e bodes. Não é preciso se deter nos bodes (Alemanha, Itália e Japão), eles são bodes com bastante certeza, e cabritinhos até. Mas olhem para as ovelhas! Talvez os Estados Unidos passem pela inspeção se não forem examinados muito de perto. Mas e quanto à França? E quanto à Inglaterra? E quanto à Bélgica e à Holanda? Como todos nessa escola de pensamento, o sr. Streit calmamente incluiu os enormes impérios britânico e francês — que em essência não são mais que mecanismos para explorar trabalho barato e negro — sob o cabeçalho das democracias!

Aqui e ali no livro, conquanto não frequentemente, há referências às "dependências" dos Estados democráticos. "Dependências" significa raças submissas. É explicado que elas devem continuar a ser dependências, que seus recursos devem ser repartidos entre os Estados da União, e que seus habitantes de cor não terão o direito de voto nos assuntos da União. Exceto quando os quadros estatísticos o demonstrem, nunca se deve, nem por um momento, adivinhar que *números* de seres humanos estão envolvidos. A Índia, por exemplo, que conta com mais habitantes do que o total das "quinze democracias" somadas, só ocupa uma página e meia no livro do sr. Streit, e isso meramente para explicar que, como a Índia ainda não é compatível com o autogoverno, o *status quo* tem de continuar. E aí se começa a ver o que de fato iria acontecer se o esquema do sr. Streit fosse posto em operação. Os impérios britânico e francês, com seus 600 milhões de seres humanos destituídos, estariam simplesmente recebendo novas forças policiais; o imenso poder dos Estados Unidos estaria por trás do roubo à Índia e à África. O sr. Streit está revelando o segredo, mas *todas* as expressões do tipo "Bloco da Paz", "Frente da Paz" etc. contêm algumas dessas implicações; todas implicam um aperto ainda maior da estrutura existente. A cláusula não mencionada é sempre "sem contar os crioulos". E como podemos ter uma "postura firme" contra Hitler se ao mesmo tempo estamos nos enfraquecendo em nossa casa? Em outras palavras, como podemos "combater o fascismo" se fortalecemos uma injustiça muito mais ampla?

Porque certamente ela *é* mais ampla. O que sempre esquecemos é que o grosso preponderante do proletariado britânico não vive na Grã-Bretanha, e sim na Ásia e na África. Não está ao alcance do poder de Hitler, por exemplo, fazer com que um *penny* por hora seja o salário normal na indústria; isso é perfeitamente normal na Índia, e fazemos grandes esforços para que continue assim. Pode-se ter alguma ideia do verdadeiro relacionamento entre a Inglaterra e a Índia quando se reflete que a renda anual per capita na Inglaterra é algo como oitenta libras, e na Índia, cerca de sete. É muito comum que a perna de um *coolie* indiano seja mais fina do que o braço de um inglês. E não há nada de racial nisso, pois integrantes bem alimentados dessas mesmas raças têm físicos semelhantes; deve-se simplesmente à fome. Esse é o sistema em que todos vivemos e o qual denunciamos quando parece não haver perigo de que seja mudado. Ultimamente, no entanto, tornou-se o primeiro dever de um "bom antifascista" mentir sobre isso e ajudar a manter tudo como está.

Que arranjo real, de um mínimo valor, poderia haver ao longo dessas linhas? Que sentido haverá, mesmo que a ação seja bem-sucedida, em derrubar o sistema de Hitler para estabilizar algo que é muito maior e, de maneira diferente, igualmente ruim?

Mas, ao que tudo indica, por falta de qualquer oposição real, esse acabará sendo nosso objetivo. As engenhosas ideias do sr. Streit não serão postas em operação, mas algo parecido com as propostas de um "Bloco da Paz" provavelmente será. Os governos britânico e russo ainda estão regateando, protelando e pronunciando ameaças veladas de mudar de lado, mas as circunstâncias provavelmente os levarão a ficar juntos. E depois o quê? Sem dúvida a aliança iria adiar a guerra por um ano ou dois. A movimentação de Hitler seria então tentar perceber um ponto fraco ou um momento com a guarda baixa; a nossa movimentação seria então por mais armamentos, mais militarização, mais propaganda, mais mentalidade bélica — e assim por diante, em velocidade cada vez maior. É duvidoso achar que uma prolongada preparação para a guerra seja, em termos morais, em qualquer aspecto melhor do que a guerra em si mesma; até existem motivos para se pensar que seja ligeiramente pior. Apenas dois ou três anos disso, e poderemos mergulhar quase sem resistência em alguma variante local de um austrofascismo. E talvez após um ano ou dois, como reação a isso, surgirá uma coisa que nunca tivemos na Inglaterra ainda — um movimento fascista real. E como ele terá a coragem de falar abertamente, vai arregimentar em suas fileiras aquelas mesmas pessoas que deveriam se opor a ele.

Para além disso, é difícil enxergar algo. A derrocada está acontecendo porque quase todos os líderes socialistas, na hora do aperto, são apenas Oposição à Sua Majestade, e ninguém mais sabe como mobilizar a decência do povo inglês, com a qual nos deparamos em toda parte quando conversamos com seres humanos em lugar de ler jornais. Nada parece poder nos salvar exceto o surgimento, no decurso dos próximos dois anos, de um partido realmente de massas cujos primeiros pleitos sejam pela recusa da guerra e por uma correta justiça imperial. Mas se qualquer partido assim existe hoje é apenas como uma possibilidade, alguns minúsculos germes que jazem aqui e ali num solo não irrigado.

Adelphi, julho de 1939

*

Resenha
Mein Kampf, de Adolf Hitler (tradução integral)

Sinal da velocidade com que os acontecimentos estão se sucedendo é o fato de a publicação por Hurst e Blackett de uma edição não expurgada de *Mein Kampf*, apenas um ano atrás, ter um viés pró-Hitler. A intenção óbvia do prefácio do tradutor e das notas é baixar o tom da ferocidade do livro e apresentar Hitler a uma luz o mais amena possível. Porque na época Hitler ainda era respeitável. Tinha esmagado o movimento obreiro alemão, e por isso as classes de proprietários estavam dispostas a perdoar-lhe quase tudo. A esquerda e a direita concordavam na noção estreita de que o nacional-socialismo era tão somente uma versão do conservadorismo.

Depois se revelou de súbito que Hitler, afinal de contas, não era respeitável. Como um dos resultados disso, a edição de Hurst e Blackett foi relançada com uma nova capa explicando que todos os lucros seriam doados à Cruz Vermelha. Não obstante, com a simples evidência do conteúdo de *Mein Kampf*, é difícil acreditar que tenha havido qualquer mudança real nos objetivos e nas opiniões de Hitler. Quando se comparam seus pronunciamentos de um ano atrás com os que foram feitos quinze anos antes, o que impressiona é a rigidez de sua mente, o modo como sua visão de mundo *não* evolui. É a visão fixa de um monomaníaco e não susceptível de ser muito afetada pelas manobras temporárias da política do poder. É provável que, na própria mente de Hitler, o Pacto Russo-Alemão não represente mais do que uma mudança no cronograma. O plano apresentado em *Mein Kampf* era esmagar primeiro a Rússia, com a intenção implícita de esmagar a Inglaterra em seguida. Agora, como as coisas se apresentam, a Inglaterra tem de lidar com o fato de ser a primeira, porque a Rússia foi, entre as duas, a mais fácil de subornar. Mas a vez da Rússia chegará quando a Inglaterra já estiver fora de cena — é assim, sem dúvida, que Hitler encara a questão. Se vai acontecer desse modo é, evidentemente, outra questão.

Suponha-se que o programa de Hitler pudesse ser efetivado. O que ele imagina, para daqui a cem anos, é um estado [territorialmente] contínuo com 250 milhões de alemães com abundante "espaço vital" (i.e., estendendo-se até o Afeganistão ou arredores), um horrível império desmiolado no qual, em essência, nada jamais acontece exceto o treinamento de jovens para a guerra e a interminável produção de bucha fresca para canhão. Como é que ele teria sido capaz de tornar efetiva uma decisão tão monstruosa? É fácil dizer que em certo estágio de sua carreira ele foi financiado pela indústria pesada, que viu nele o homem que esmagaria o socialismo e o comunismo. Contudo, não o teriam apoiado se ele já não tivesse trazido à existência um grande movimento. Deve-se lembrar que a situação da Alemanha, com seus 7 milhões de desempregados, era obviamente favorável aos demagogos. Mas Hitler não teria tido sucesso contra seus muitos rivais não fosse a atração de sua própria personalidade, que se pode sentir até mesmo na canhestra escrita de *Mein Kampf*, e que sem dúvida é avassaladora quando se ouvem seus discursos. Eu gostaria de deixar registrado que nunca fui capaz de não gostar de Hitler. Desde que ele chegou ao poder — até então, como quase todo mundo, fui enganosamente levado a pensar que ele não tinha importância —, acho que decerto o mataria se pudesse ter acesso a ele, mas sem sentir nenhuma animosidade pessoal. O fato é que há nele algo que é profundamente atraente. Dá para sentir isso mais uma vez quando olhamos suas fotografias — e recomendo em especial a foto do início da edição de Hurst e Blackett, que mostra Hitler com a camisa marrom dos primeiros tempos. É patético, o rosto canino, o rosto de um homem que sofre sob intoleráveis malfeitos. De um modo mais viril, ela reproduz a expressão de inúmeras figuras do Cristo crucificado, e não há dúvida de que é assim que Hitler vê a si mesmo. A primeira causa pessoal para sua queixa contra o universo só pode ser adivinhada; mas, seja como for, a queixa está ali. Ele é o mártir, a vítima, Prometeu acorrentado na rocha, o herói que se autossacrifica para lutar sozinho contra todas as impossibilidades. Se estivesse matando um camundongo ele saberia fazer com que parecesse estar matando um dragão. Sente-se, como no caso de Napoleão, que ele está lutando contra o destino, que ele *não tem como* vencer, mas que de certa forma ele o merece. A atração de uma pose assim é, obviamente, enorme; metade dos filmes a que assistimos trata desse mesmo tema.

Ele também captou a falsidade da postura hedonista diante da vida. Quase todo o pensamento ocidental desde a última guerra, com certeza todo o pensamento "progressista", assumiu tacitamente que os seres humanos não desejam nada além de ter facilidade, segurança e evitar o sofrimento. Em tal visão da vida não há espaço, por exemplo, para o patriotismo e para as virtudes militares. O socialista que surpreende seu filho a brincar com soldadinhos costuma ficar aborrecido, mas nunca é capaz de pensar em um substituto para os soldados de chumbo; pacifistas de chumbo, de certa forma, não iam funcionar. Hitler, por sentir isso com força excepcional em sua própria e triste mente, sabe que seres humanos *não* querem apenas conforto, segurança, poucas horas de trabalho, higiene, controle de natalidade e, no geral, bom senso; eles também, ao menos intermitentemente, querem luta e autossacrifício, e isso sem falar em tambores, bandeiras e desfiles demonstrativos de lealdade. O que quer que possam ser como teorias econômicas, o fascismo e o nazismo são, em termos psicológicos, muito mais sensatos do que qualquer concepção hedonista da vida. Provavelmente o mesmo vale para a versão militarizada do socialismo de Stálin. Todos esses três grandes ditadores aumentaram seu poder impondo cargas intoleráveis a seus povos. Enquanto o socialismo, e mesmo o capitalismo, de uma forma mais relutante, dizia às pessoas: "Eu lhes ofereço uma vida boa", Hitler lhes dizia: "Eu lhes ofereço luta, perigo e morte", e como resultado uma nação inteira se atira a seus pés. Talvez mais tarde elas fiquem fartas disso e mudem de ideia, como no fim da última guerra. Após alguns anos de matança e de fome, "Maior felicidade para um número maior [de pessoas]" pode ser um bom *slogan*, mas neste momento "Melhor o fim do horror do que um horror sem fim" é o vencedor. Agora que estamos lutando contra o homem que o cunhou, não devemos subestimar seu apelo emocional.

New English Weekly, 21 de março de 1940

*

Profecias do fascismo

A reimpressão de O tacão de ferro, de Jack London, torna acessível ao público em geral um livro que foi bastante procurado durante os anos de agressão fascista. Como outros livros de Jack London, esse foi muito lido na Alemanha e ganhou a reputação de ser uma acurada previsão do advento de Hitler. Na realidade, não se trata disso. É apenas um conto de opressão capitalista, e foi escrito numa época em que várias coisas que acabaram tornando o fascismo possível — por exemplo, o espantoso ressurgimento do nacionalismo — não eram fáceis de prever.

No entanto, onde London demonstrou um especial discernimento foi na percepção de que a transição para o socialismo não iria ser automática, nem mesmo fácil. A classe capitalista não iria "perecer de suas próprias contradições" como uma flor que morre no fim da estação. A classe capitalista era esperta o suficiente para ver o que estava acontecendo, para fazer submergirem suas próprias diferenças e contra-atacar os trabalhadores; e a luta disso resultante seria a mais sangrenta e inescrupulosa que o mundo jamais vira.

Vale a pena comparar *O tacão de ferro* com outro romance de um futuro imaginário escrito um pouco antes e ao qual ele deve alguma coisa, *The Sleeper Wakes* [O adormecido desperta], de H.G. Wells. Ao fazê-lo, tanto se podem constatar as limitações de London como também se pode usufruir da vantagem de ele não ser, tal qual Wells, um homem completamente instruído. Como livro, *O tacão de ferro* é muitíssimo inferior. É escrito de modo canhestro, demonstra não ter noção das possibilidades científicas, e o herói é um tipo de gramofone humano que agora está desaparecendo até mesmo dos panfletos socialistas. Mas devido a seu próprio temperamento selvagem London pôde captar algo que Wells aparentemente não captou, ou seja, que as sociedades hedonistas não duram muito.

Todos os que leram *The Sleeper Wakes* lembram-se dele. É a visão de um mundo reluzente, sinistro, no qual a sociedade se endureceu num sistema de castas e os trabalhadores estão permanentemente escravizados. Também é um mundo sem propósito no qual as castas superiores, às quais os trabalhadores pagam tributos, são completamente frouxas, cínicas e descrentes. Não há nenhum objetivo na vida, nada que corresponda ao fervor do revolucionário ou do mártir religioso.

No livro de Aldous Huxley *Admirável mundo novo*, uma espécie de paródia pós-guerra da utopia de Wells, essas tendências estão imensamente exageradas. Aqui o ímpeto hedonista é levado a seu máximo, o mundo inteiro transformou-se em um hotel da Riviera. Mas, conquanto *Admirável mundo novo* seja uma brilhante caricatura do presente (o presente de 1930), ele não lança nenhuma luz para o futuro. Nenhuma sociedade desse tipo poderia durar mais do que algumas gerações, porque uma classe governante que pensasse principalmente em termos de uma "vida boa" logo perderia sua vitalidade. Uma classe governante precisa ter uma moralidade rigorosa, uma crença quase religiosa em si mesma, uma mística.

London tinha consciência disso, e embora descreva a classe dos plutocratas que governa o mundo há sete séculos como monstros desumanos, não se refere a eles como preguiçosos ou sensuais. Só podem sustentar sua posição enquanto acreditarem honestamente que a civilização só depende deles mesmos, e, portanto, de um modo diferente, são tão corajosos, aptos e devotados quanto os revolucionários que se opõem a eles.

De uma maneira intelectual, London aceitou as conclusões do marxismo e imaginou que as "contradições" do capitalismo, a inconsumível mais-valia e assim por diante, persistiriam mesmo após a classe capitalista ter-se organizado como um único corpo corporativo. Mas em temperamento ele foi muito diferente da maioria dos marxistas. Com seu amor à violência e à força física, sua crença na "aristocracia natural", seu culto aos animais e sua exaltação do primitivo, London tinha dentro dele o que se poderia com justiça chamar de uma inclinação fascista. Isso provavelmente o ajudou a compreender como a classe possuidora se comportaria quando alguma vez fosse seriamente ameaçada.

É exatamente nesse ponto que os socialistas marxianos deixaram a desejar. Sua interpretação da história era mecanicista a ponto de não verem perigos que eram óbvios para pessoas que nunca tinham ouvido o nome de Marx. Às vezes se alega que Marx falhou ao não prever a ascensão do fascismo. Não sei se ele previu ou não — naquela época ele só poderia fazê-lo em termos muito genéricos —, mas de qualquer maneira é certo que seus seguidores falharam ao não perceber perigo algum no fascismo até eles mesmos atingirem o portão do campo de concentração. Um ano ou mais *depois* que Hitler chegou ao poder, o marxismo oficial ainda proclamava que Hitler não tinha importância e que o "fascismo social" (isto é, a democracia) é que era o real inimigo. London provavelmente não teria cometido esse erro. Seus instintos o teriam advertido de que Hitler era perigoso. Ele sabia que as leis da economia não operavam da mesma forma que as leis da gravidade, que podiam ser controladas durante longos períodos por pessoas que, como Hitler, acreditassem em seu próprio destino.

O tacão de ferro e *The Sleeper Wakes* foram escritos ambos de um ponto de vista popular. *Admirável mundo novo*, embora primordialmente um ataque ao hedonismo, é também, por implicação, um ataque ao totalitarismo e a um governo de casta. É interessante compará-los com uma menos conhecida utopia, que trata da luta de classes a partir do ponto de vista da classe mais alta, ou da classe média, *The Secret of the League* [O segredo da liga], de Ernest Bramah.

The Secret of the League foi escrito em 1907, quando o crescimento do movimento obreiro começava a aterrorizar a classe média, que imaginava, erroneamente, estar sendo ameaçada de baixo, e não de cima. Como prognóstico político o livro é trivial, mas é de grande interesse devido à luz que lança sobre a mentalidade da luta da classe média.

O autor imagina um governo trabalhista chegando ao poder com uma maioria tão imensa que seria impossível desalojá-lo. No entanto, eles não estabelecem uma economia totalmente socialista. Apenas continuam a operar o capitalismo em seu próprio benefício, elevando o tempo todo os salários, criando um enorme exército de burocratas e impondo às classes superiores impostos insuportáveis. O país está, assim, como se diz, "indo para o brejo"; além disso, na política exterior o governo trabalhista comporta-se mais como o Governo Nacional entre 1931 e 1939. Contra isso surge uma conspiração secreta das classes média e alta, e o estilo de sua revolta é muito engenhoso, contanto que se considere o capitalismo como algo interno: é o método de greve de consumidores. Durante um período de dois anos os conspiradores da classe mais alta acumulam secretamente óleo combustível e convertem fábricas movidas a carvão em fábricas movidas a óleo combustível;

depois subitamente boicotam a principal indústria britânica, a indústria do carvão. Os mineradores se deparam com uma situação na qual não serão capazes de vender carvão durante dois anos. Há um grande desemprego e muita angústia, que termina numa guerra civil, na qual (trinta anos antes do general Franco!) as classes mais altas recebem ajuda do exterior. Após sua vitória elas abolem os sindicatos e instituem um regime "forte" não parlamentar — em outras palavras, um regime que agora descreveríamos como fascista. O tom do livro é bem-humorado, na medida em que se podia permitir ser naquela época, mas a tendência do pensamento é inconfundível.

Por que um escritor decente e benevolente como Ernest Bramah acharia que o esmagamento do proletariado era uma visão aprazível? É simplesmente a reação de uma classe combatente que se sentiu ameaçada nem tanto em sua posição econômica como em seu código de comportamento e em seu modo de vida. Pode-se ver o mesmo antagonismo puramente social à classe trabalhadora num escritor de muito maior calibre, George Gissing. O tempo, e Hitler, ensinou muita coisa às classes médias, e talvez elas não queiram se alinhar novamente com seus opressores contra seus aliados naturais. Mas se farão isso ou não, depende em parte de como são manobradas, e a estupidez da propaganda socialista, com seus constantes ataques aos "pequeno-burgueses", tem muito a responder quanto a essa pergunta.

Tribune, 12 de julho de 1940

*

O grande ditador

França, 1918. Charlie Chaplin, de uniforme cinza-esverdeado e com um capacete de aço alemão, está puxando a cordinha de um "Grande Bertha"* e caindo toda vez que ele atira. Um pouco depois, após ter-se perdido numa tela enfumaçada, ele se encontra atacando bem no meio da infantaria americana. Depois, está num voo com um oficial ferido do Estado-Maior, num avião que voa de cabeça para baixo durante tanto tempo que Charlie fica intrigado em saber por que seu relógio de bolso insiste em ficar apoiado na extremidade da corrente. Por fim, ao cair do avião num buraco cheio de lama, ele perde a memória, é trancado num hospício durante vinte anos e ignora totalmente o que está acontecendo no mundo do lado de fora.

É nesse ponto que o filme de fato começa. Hynkel, o ditador da Tomânia, que é um sósia de Charlie (Chaplin representa os dois papéis), está conduzindo uma campanha extraespecial de expurgo

---

* "Grande Bertha" era um canhão alemão de longo alcance na Primeira Guerra Mundial. (N. T.)

dos judeus no momento em que Charlie, recuperando a sanidade mental, foge do asilo e retorna à sua pequena barbearia no gueto. Há algumas cenas gloriosas de combates contra as tropas de choque* que não são menos — na verdade, talvez sejam até *mais* — tocantes quando a tragédia dos lares judaicos destroçados se mistura com um tipo de humor baseado em percalços com baldes de cal e pancadas na cabeça com uma frigideira. Mas os melhores interlúdios farsescos são os que acontecem no palácio do ditador, especialmente em suas cenas com o odiado rival, Napaloni, ditador de Bactéria. (Jack Oakie, que faz esse papel, tem uma semelhança física com Mussolini ainda maior do que a de Chaplin com Hitler.) Há um momento adorável na mesa do jantar no qual Hynkel está tão concentrado em levar a melhor sobre Napaloni que não percebe estar pondo mostarda nos morangos, em vez de creme. A invasão de Osterlich (a Áustria) está prestes a acontecer, e Charlie, que foi preso por resistir às tropas de choque, foge do campo de concentração num uniforme roubado bem no momento em que Hynkel está para cruzar a fronteira. Ele é confundido com o ditador e levado à capital do país conquistado em meio a multidões que o aclamam. O pequeno barbeiro judeu vê-se guindado a um enorme palanque, com cerradas fileiras de dignitários nazistas atrás dele e milhares de soldados abaixo, todos esperando para ouvir seu discurso triunfal.

E aqui tem lugar o grande momento do filme. Em vez de proferir a solene fala que dele se espera, Charlie faz um poderoso e combativo discurso em prol da democracia, da tolerância e da decência. É realmente um tremendo pronunciamento, uma espécie de versão do discurso de Gettysburg de Lincoln num inglês de Hollywood, uma das mais fortes peças de propaganda que já ouvi

---

* No original, "storm trooper", termo que se referia na época, especificamente, às tropas de choque nazistas, a *Sturmabteilung*. (N. O.)

em muito tempo. Dizer que a cena destoa do resto do filme é um modo atenuado de descrevê-la. Não tem conexão com ele, exceto o tipo de conexão que existe num sonho — aqueles sonhos, por exemplo, nos quais você é num momento o imperador da China e, em outro, uma ratazana. O fio da narrativa é rompido tão completamente que depois disso a história não tem como continuar, e o filme simplesmente desvanece, deixando incerto no ar se o discurso teve algum efeito ou se os nazistas no palanque detectaram o impostor e o mataram ali mesmo.

Quão bom é esse filme, apenas como filme? Eu estaria falseando minha própria opinião se não admitisse que ele apresenta falhas muito grandes. Conquanto seja bom em quase todos os níveis, ele abrange tantos que não tem mais unidade do que, por exemplo, uma pantomima. Algumas das primeiras cenas são simplesmente as do velho Chaplin dos filmes mudos de curta-metragem de trinta anos atrás, de chapéu-coco, andar arrastado, e tudo o mais. As cenas do gueto são de comédia sentimental com tendência a se tornar uma farsa, as cenas com Hynkel e Napaloni são do mais baixo pastelão, e de mistura com tudo isso há uma "mensagem" política muito séria. Chaplin parece nunca ter-se aproveitado de certos avanços modernos da técnica, de modo que todos os seus filmes têm um jeito meio desconjuntado, dão a impressão de terem sido amarrados com pedaços de barbante. Mas esse filme consegue sair impune. A calejada plateia de jornalistas na sessão à qual compareci ria de maneira quase contínua e ficou visivelmente emocionada com o discurso no fim. Qual é o dom peculiar de Chaplin? É seu poder de representar uma espécie de essência concentrada do homem comum, a inerradicável crença na decência que existe no coração de pessoas normais, pelo menos no Ocidente. Vivemos uma época na qual a democracia está em retirada em quase todo lugar, em que super-homens estão no controle de três quartos do mundo, em que a liberdade é descartada na explicação de insidiosos professores, em que o espancamento de judeus é defendido por pacifistas. E ainda assim, em toda parte, sob a superfície, o homem comum agarra-se obstinadamente às crenças que ele vai buscar na cultura cristã. O homem comum é mais sábio que os intelectuais, assim como os animais são mais sábios que os homens. Todo intelectual é capaz de lhe fazer uma esplêndida defesa do esmagamento dos sindicatos alemães e da tortura dos judeus. Mas o homem comum, desprovido de intelecto, que tem apenas instinto e tradição, sabe que "isso não está certo". Quem quer que não tenha perdido seu senso moral — e uma educação no marxismo e em credos similares consiste grandemente em destruir seu senso moral — sabe que "não está certo" invadir as casas de pequenos e inofensivos lojistas judeus e atear fogo em sua mobília. Mais do que qualquer truque humorístico, assim creio, o poder de atração de Chaplin reside em sua capacidade de reiterar o fato, encoberto pelo fascismo e, muito ironicamente, pelo socialismo, de que *vox populi* é *vox Dei*,* e que gigantes são uma praga.

Não é de admirar que Hitler, a partir do momento em que chegou ao poder, tenha banido os filmes de Chaplin na Alemanha! A semelhança entre os dois homens (quase como a de gêmeos, é interessante lembrar) é cômica, especialmente nos movimentos rígidos de seus braços. E não é de espantar que escritores pró-fascistas como Wyndham Lewis e Roy Campbell tenham sempre perseguido Chaplin com um ódio tão peculiar e tão peçonhento! Do ponto de vista de quem acredita em super-homens, é um acidente dos mais desastrosos que o maior de todos os super-homens seja quase um sósia de um absurdo judeuzinho enjeitado com uma tendência a cair em baldes de cal. É o tipo de fato que deveria ser obscurecido. No entanto, felizmente, não pode ser obscurecido, e

---

* A voz do povo é a voz de Deus. (N. O.)

a sedução do poder político ficará um pouquinho mais fraca para todo ser humano que vir esse filme.

Se nosso governo tivesse um pouco mais de imaginação, deveria subsidiar pesadamente *O grande ditador* e fazer todo esforço possível para que algumas cópias entrassem na Alemanha — algo que não está fora do alcance da engenhosidade humana. No momento ele está sendo lançado em três cinemas do West End, a preços que a maioria das pessoas não se pode permitir. Mas, embora provavelmente sua recepção pelos críticos venha a ser eclética, creio ser seguro profetizar que terá em âmbito nacional o sucesso que merece. Além do próprio Chaplin, Jack Oakie, Henry Daniell (como Goebbels), Maurice Moscovitch e a excepcionalmente atraente Paulette Goddard têm uma soberba atuação.

Time and Tide, 21 de dezembro de 1940

*

W. B. Yeats

Uma coisa que a crítica marxista não conseguiu foi traçar a conexão entre "tendência" e estilo literário. O assunto e as imagens que um livro usa para descrevê-lo podem ser explicados em termos sociológicos, mas sua textura, aparentemente, não. Contudo, alguma conexão tem de existir. Sabe-se, por exemplo, que um socialista nunca escreveria como Chesterton, ou um *tory* imperialista como Bernard Shaw, embora não seja fácil explicar *como é* que se sabe isso. No caso de Yeats, deve haver algum tipo de conexão entre seu obstinado e até torturado estilo de escrita e sua sinistra visão da vida. O sr. Menon* está preocupado principalmente com a filosofia esotérica subjacente na obra de Yeats, mas as citações espalhadas por todo o seu interessante livro são úteis em nos lembrar quão artificial era a maneira de Yeats escrever. Como regra, essa artificialidade é aceita como um "irlandismo", ou até mesmo simplicidade, porque ele usa palavras curtas, mas de fato raramente se encontram seis linhas sucessivas de seus versos em

---

* *The Development of William Butler Yeats*, de V. K. Narayana Menon. (N. E.)

que não haja um arcaísmo, ou uma expressão afetada. Para tomar o exemplo mais à mão:

> Grant me an old man's Frenzy,
> My self must I remake
> Till I am Timon and Lear
> Or that William Blake
> Who beat upon the wall
> Till Truth obeyed his call.*

O desnecessário "that" no quarto verso traz consigo um sentido de afetação, e a mesma tendência está presente em quase todas as melhores passagens de Yeats. Raramente se fica muito longe de uma suspeita de "exotismo", algo que tem ligação não apenas com os anos noventa, a Torre de Marfim, e as "calf covers of pissed-on green" ["capas de pelica dum verde mijado"],** mas também com desenhos de Rackham, tecidos artísticos Liberty e a Terra do Nunca de Peter Pan, dos quais, afinal, "The Happy Townland" é meramente um exemplo mais palatável. Isso não importa, porque, no todo, Yeats livra-se disso, e se sua inclinação pelo efeito é com frequência irritante, também pode produzir expressões ("the chill, footless years" [os frios anos sem pés], "the mackered-crowded seas" [os mares abarrotados de cavalas]) que subitamente empolgam como um rosto de moça que se avista no outro lado de um recinto. Ele é uma exceção à regra de que poetas não usam linguagem poética:

---

* Trecho de "An Acre of Grass". Em tradução literal: "Concedam-me o frenesi de um velho,/ Mas refazer meu eu eu sei que/ Devo, até ser Timon e Lear/ Ou aquele William Blake/ Que na parede dá pancada/ Até a Verdade atender à sua chamada". (N. T.)
** Passagem de *Ulysses*, de James Joyce, em tradução de Caetano W. Galindo (São Paulo: Companhia das Letras, 2012). (N. T.)

How many centuries spent
The sedentary soul
In toils of measurement
Beyond eagle or mole,
Beyond hearing or seeing,
Or Archimede's guess,
To raise into being
That loveliness?*

Aqui ele não vacila em usar uma palavra molenga e vulgar como "loveliness", o que, afinal, não prejudica seriamente essa passagem maravilhosa. Mas essas mesmas tendências, somadas a uma espécie de irregularidade que sem dúvida é intencional, enfraquecem seus epigramas e poemas polêmicos. Por exemplo (estou citando de memória), o epigrama contra os críticos que condenaram *The Playboy of the Western World*:

Once when midnight smote the air
Eunuchs ran through Hell and met
On every crowded street to stare
Upon great Juan riding by;
Even like these to rail and sweat,
Staring upon his sinewy thigh.**

---

* Trecho de "The Only Jealousy of Emer". Em tradução literal: "Quantos séculos passou/ A alma sedentária/ Em labores de medição/ Além de águia ou toupeira,/ Além de ouvir ou de ver,/ Ou do palpite de Arquimedes,/ Para trazer à existência/ Essa beleza?". (N. O.)
** "On Those That Hated *The Playboy of the Western World*, 1907." Em tradução literal: "Quando a meia-noite golpeou o ar/ Eunucos correram pelo Inferno se encontrando/ Em cada rua apinhada para olhar/ O grande Juan passando;/ E como estes a injuriar, suar/ Sua musculosa coxa contemplando". (N. O.)

O QUE É FASCISMO?

A força que Yeats tem dentro de si lhe provê uma analogia já pronta e produz o tremendo desdém do último verso, mas mesmo nesse poema curto há seis ou sete palavras desnecessárias. Provavelmente ele seria mais mortífero se fosse mais despojado.

O livro do sr. Menon, a propósito, é uma biografia curta de Yeats, mas acima de tudo ele está interessado no "sistema" filosófico de Yeats, o qual, em sua opinião, fornece o assunto de mais poemas de Yeats do que em geral se reconhece. O sistema se manifesta de maneira fragmentada em vários lugares, e em toda a sua dimensão em A Vision, livro que teve impressão privada e o qual nunca li, mas do qual o sr. Menon cita extensivamente. Yeats oferece relatos conflitantes quanto à sua origem, e o sr. Menon faz amplas insinuações de que os "documentos" nos quais ele ostensivamente se fundamenta eram imaginários. O sistema filosófico de Yeats, diz o sr. Menon "estava por trás de sua vida intelectual quase desde o início. Sua poesia está plena dele. Sem ele, sua poesia mais tardia torna-se quase completamente ininteligível". Assim que começamos a ler sobre o assim chamado sistema, vemo-nos no meio de uma profusão mágica de rodas-gigantes, redemoinhos, ciclos da lua, reencarnação, espíritos desencarnados, astrologia e afins. Yeats esquiva-se quanto à literalidade com a qual acreditava nisso tudo, mas certamente se aventurava no espiritualismo e na astrologia, e na juventude fizera experiências com alquimia. Conquanto quase soterrado em explicações, muito difíceis de entender, sobre as fases da lua, a ideia central de seu sistema filosófico parece ser o nosso amigo, o universo cíclico, no qual tudo acontece repetida e recorrentemente. Talvez não se tenha o direito de rir de Yeats por suas crenças místicas — pois creio que se poderia demonstrar que *algum* grau de crença em magia é fenômeno quase universal —, mas tampouco deveria alguém descartar essas coisas como se fossem meras excentricidades sem importância. É a percepção que o sr. Menon tem disso que empresta a seu livro seu interesse mais profundo. "No primeiro arroubo de admiração e entusiasmo", diz ele,

a maioria das pessoas rejeita a filosofia fantástica como o preço que temos de pagar por um grande e curioso intelecto. Não se davam conta muito bem de para onde ele estava se dirigindo. E os que, sim, perceberam, como Pound e talvez Eliot, aprovaram a posição que ele finalmente adotou. A primeira reação a isso não veio, como se poderia esperar, dos jovens poetas ingleses politizados. Eles estavam intrigados, porque um sistema menos rígido ou artificial do que o de *A Vision* talvez não tivesse produzido a grande poesia dos últimos dias de Yeats.

Não poderia, e contudo a filosofia de Yeats tem algumas implicações muito sinistras, como aponta o sr. Menon.

Traduzida em termos políticos, a tendência de Yeats é fascista. Durante a maior parte de sua vida, e muito antes de sequer se ouvir falar do fascismo, ele tinha a aparência daqueles que chegam ao fascismo pela via aristocrática. É manifesto seu grande ódio à democracia, ao mundo moderno, à ciência, à maquinaria, ao conceito de progresso — acima de tudo, à ideia de igualdade humana. O aspecto imaginário de sua obra tem muito de medieval, e está claro que ele não era totalmente livre de um esnobismo comum. Mais tarde, essas tendências adquiriram uma forma mais clara e o levaram à "exultante aceitação do autoritarismo como a única solução. Mesmo a violência e a tirania não são necessariamente um mal, porque as pessoas, não discernindo entre o bem e o mal, estarão perfeitamente aquiescentes à tirania [...]. Tudo deve vir de cima. Nada pode vir das massas". Não muito interessado em política, e sem dúvida desgostoso de suas breves incursões na vida pública, Yeats, não obstante, faz pronunciamentos políticos. Ele é um homem grande demais para partilhar ilusões com o liberalismo,

O QUE É FASCISMO?

e já em 1920 prevê, numa passagem merecidamente famosa ("O segundo advento"), o tipo de mundo em que nós de fato entramos. Mas ele parece estar dando as boas-vindas à próxima era, que deverá ser "hierárquica, masculina, rígida, cirúrgica", e é influenciado tanto por Ezra Pound quanto por escritores fascistas italianos. Descreve a nova civilização, a qual espera, e acredita, que virá:

> uma civilização aristocrática em sua forma mais completa, em cada detalhe de vida hierárquica, a porta de todo grande homem, assediada ao amanhecer por postulantes, em toda parte grande riqueza em poucas mãos, todos dependentes de poucos, até o próprio imperador, que é um deus dependente de um deus maior, e em toda parte, no tribunal, na família, a desigualdade tornada lei.

A inocência dessa declaração é tão interessante quanto seu esnobismo. Para começar, numa única expressão, "grande riqueza em poucas mãos", Yeats desnuda a realidade central do fascismo, cuja propaganda, em sua totalidade, visa a encobrir. O fascismo meramente político clama estar sempre lutando por justiça: Yeats, o poeta, enxerga num relance que fascismo significa injustiça, e o aclama exatamente por esse motivo. Mas ao mesmo tempo ele falha ao não ver que a nova civilização autoritária, se vier, não será aristocrática. Não será governada por nobres com rostos de Van Dyck, mas por milionários anônimos, burocratas com traseiros reluzentes e gângsteres assassinos. Outros que cometeram o mesmo erro mudaram de ideia depois, e não se deve supor que Yeats, se tivesse vivido mais, teria necessariamente acompanhado seu amigo Pound, ainda que por simpatia. Mas a tendência da passagem que citei acima é óbvia, e o fato de ela descartar completamente tudo de bom que os 2 mil anos passados conquistaram é um sintoma inquietante.

Como se conectam as ideias políticas de Yeats com suas inclinações para o ocultismo? Não está claro, à primeira vista, por que o ódio à democracia deva andar junto com uma tendência a acreditar em bolas de cristal. O sr. Menon só comenta isso brevemente, mas é possível fazer duas suposições. Para começar, a teoria de que a civilização se movimenta em ciclos recorrentes é uma saída para pessoas que odeiam o conceito de igualdade humana. Verdade que "tudo isso", ou algo parecido, "já aconteceu antes", então a ciência e o mundo moderno são desmascarados de um só golpe e o progresso torna-se, para sempre, impossível. Não importa muito que as ordens inferiores estejam se achando superiores ao que realmente são, porque, afinal, logo estaremos voltando a uma era de tirania. Yeats não está, de modo algum, sozinho nessa percepção. Se o universo está se movendo em círculos numa roda, o futuro deve ser previsível, talvez até mesmo com algum detalhamento. É apenas uma questão de descobrir as leis de seu movimento, assim como os primeiros astrônomos descobriram o ano solar. Acredite nisso, e fica difícil não acreditar em astrologia ou em algum sistema semelhante. Um ano antes da guerra, examinando um exemplar de *Gringoire*, o semanário fascista francês, muito lido por oficiais do Exército, encontrei nele não menos de 38 anúncios de videntes. Em segundo lugar, o próprio conceito de ocultismo carrega consigo a ideia de que o conhecimento deve ser uma coisa secreta, limitada a um pequeno círculo de iniciados. Mas a mesma ideia é parte integrante do fascismo. Os que temem a perspectiva do sufrágio universal, da educação popular, da liberdade de pensamento, da emancipação da mulher, começaram com uma predileção por cultos secretos. Outra conexão entre fascismo e mágica reside na profunda hostilidade de ambos para com o código de ética cristão.

Yeats foi sem dúvida hesitante quanto a suas convicções, e manteve, em épocas distintas, opiniões muito diferentes, algumas esclarecidas, outras não. O sr. Menon reitera, em relação a ele, a alegação de Eliot de ter tido o mais longo período de desenvolvimento jamais vivido por qualquer poeta. Mas existe uma coisa que parece ser constante, pelo menos em tudo que consigo me lembrar de sua obra, que é seu ódio pela moderna civilização ocidental e seu desejo de voltar à Idade do Bronze, ou talvez à Idade Média. Como todos que pensam assim, ele tende a escrever em louvor da ignorância. O bobo, em sua notável peça *The Hour-Glass* [*A ampulheta*], é uma figura chestertoniana, "O bobo de Deus", o "inocente de berço", que sempre é mais sábio que o homem sábio. O filósofo, na peça, morre sabendo que toda a sua vida de pensamento foi desperdiçada (novamente, cito de memória):

> *The stream of the world has changed its course,*
> *And with the stream my thoughts have run*
> *Into some cloudly, thunderous spring*
> *That is its mountain-source;**
> *Ay, to a frenzy of the mind,*
> *That all that we have done's undone*
> *Our speculation but as the wind.***

Belas palavras, mas, por implicação, profundamente obscurantistas e reacionárias; pois, se for mesmo verdade que um idiota da aldeia, como tal, é mais sábio do que um filósofo, então seria melhor que o alfabeto nunca tivesse sido inventado. Claro que todo louvor ao passado é em parte sentimental, porque não vivemos no passado. O pobre não louva a pobreza. Antes que você possa desprezar a máquina, a máquina deve libertar você do trabalho

---

* Os últimos três versos na realidade são: "Aye, to some frenzy of the mind/ For all that we have done's undone/ Our speculation but as the wind". (N. E.)
** Em tradução literal: "A correnteza do mundo mudou sua sina/ E meus pensamentos voam nesse leito/ Nessa fonte nebulosa em seu tormento/ Que na montanha se origina;/ Ai, para um frenesi do pensamento/ Em que tudo que fizemos foi desfeito/ Mas nossa especulação é como o vento". (N. T.)

pesado. Mas isso não quer dizer que o anseio de Yeats por uma época mais primitiva e mais hierárquica não foi sincero. Quanto de tudo isso é atribuível a um mero esnobismo, produto da própria posição de Yeats num ramo empobrecido da aristocracia, é uma outra questão. E a conexão entre suas opiniões obscurantistas e sua tendência ao "exotismo" da linguagem fica por ser resolvida. O sr. Menon quase não se refere a isso.

O livro é bastante curto, e eu gostaria muito que o sr. Menon continuasse e escrevesse outro sobre Yeats, começando onde este se interrompe. Se o maior poeta de nossos tempos anuncia exultante uma era de fascismo, isso parece ser um sintoma perturbador, porque ele não está sozinho nisso. De modo geral, os melhores escritores de nossa época têm tido uma tendência reacionária, e embora o fascismo não ofereça nenhum retorno real ao passado, os que anseiam pelo passado aceitarão o fascismo antes de suas prováveis alternativas. Mas existem outras linhas de abordagem, como vimos nos últimos dois ou três anos. A relação entre o fascismo e a inteligência literária precisa muito ser investigada, e Yeats pode perfeitamente ser o ponto de partida. Ele é mais bem estudado por alguém como o sr. Menon, que pode enfocar um poeta primordialmente como poeta, mas também sabe que as crenças políticas e religiosas de um escritor não são excrescências a serem desprezadas, mas algo que deixará uma marca até mesmo nos menores detalhes de sua obra.

Horizon, janeiro de 1943; Critical Essays; Dickens, Dali and Others; Collected Essays

*

A literatura e a esquerda

"Quando um homem de verdadeiro gênio aparece no mundo, pode-se reconhecê-lo por este infalível signo, o de que todos os ignorantes conspiram contra ele." Assim escreveu Jonathan Swift, duzentos anos antes da publicação de *Ulysses*.
Se você consultar qualquer manual ou anuário esportivo, vai encontrar muitas páginas dedicadas à caça à raposa e à lebre, mas nenhuma palavra sobre a caça aos intelectuais. No entanto, este, mais do que qualquer outro, é o esporte britânico característico, na moda o ano inteiro e praticado igualmente por ricos e pobres, sem as complicações quer de sentimentos de classe, quer de alinhamentos políticos.
Pois dever-se-ia notar que nessa atitude para com "intelectuais" — isto é, em relação a qualquer escritor ou artista que faz experimentos em técnica — a esquerda não é mais amistosa do que a direita. Não só que "intelectual" é uma palavra quase tão injuriosa para o *Daily Worker* quanto é para o *Punch*, mas são exatamente esses escritores cuja obra demonstra originalidade e poder de persistência que os marxistas doutrinários discriminam para

atacar. Eu poderia citar uma longa lista de exemplos, mas estou pensando sobretudo em Joyce, Yeats, Lawrence e Eliot. Eliot, em especial, é amaldiçoado na imprensa esquerdista tão automática e perfunctoriamente quanto Kipling — e isso por críticos que apenas alguns anos atrás entravam em êxtase com as obras-primas já esquecidas do Clube do Livro da Esquerda.

Se perguntar a um "bom homem de partido" (e isso vale para quase qualquer partido de esquerda) quais são suas objeções quanto a Eliot, você obterá uma resposta que afinal se reduz a isto: Eliot é um reacionário (ele se declarou um monarquista, um anglo-católico etc.) e é também um "intelectual burguês", sem nenhum contato com o homem comum; portanto, é um mau escritor. Contida nessa declaração há uma semiconsciente confusão de ideias a qual vicia quase toda a crítica político-literária.

Não gostar da posição política de um escritor é uma coisa. Não gostar dele porque ele obriga você a pensar é outra, não necessariamente incompatível com a primeira. Mas, assim que se começa a falar sobre escritores "bons" e "maus", de forma tácita se faz referência à tradição literária, com isso trazendo à baila uma coleção de valores em tudo diferentes. Pois o que é um "bom" escritor? Shakespeare foi "bom"? A maioria das pessoas concordará que foi. Mas Shakespeare é, e talvez tenha sido até mesmo pelos padrões de sua época, de tendência reacionária; e também é um escritor difícil, no mínimo duvidosamente acessível ao homem comum. O que será, então, da noção de que Eliot está desqualificado, por assim dizer, por ser um anglo-cristão monarquista que é dado a fazer citações em latim?

A crítica literária da esquerda não tem errado ao insistir na importância do assunto. Talvez nem mesmo tenha errado, considerando a época em que vivemos, ao solicitar que a literatura seja primordial e principalmente propaganda. Onde, sim, esteve errada foi ao emitir juízos de natureza ostensivamente literária com finalidades políticas. Para um exemplo tosco, que comunista ousaria admitir em público que Trótski é melhor escritor do que Stálin — o que, é claro, ele é? Dizer "X é um escritor talentoso, mas é um inimigo político, e eu farei o melhor que puder para silenciá-lo" é relativamente inofensivo. Mesmo que você acabe por silenciá-lo com uma submetralhadora, não estará de fato pecando contra o intelecto. O pecado mortal é dizer "X é um inimigo político; portanto, é um mau escritor". E se alguém diz que esse tipo de coisa não acontece, eu simplesmente respondo: dê uma olhada nas páginas literárias da imprensa de esquerda, desde o *News Chronicle* até o *Labour Monthly*, e veja o que encontra lá.

Não se sabe o quanto o movimento socialista perdeu ao alienar essa intelligentsia literária. Mas isso os alienou, em parte confundindo panfletos com literatura, e em parte não lhes dando espaço para uma cultura humanística. Um escritor pode votar no Partido Trabalhista tão facilmente quanto qualquer outra pessoa, mas para ele é muito difícil participar de um movimento socialista *como escritor*. Tanto o doutrinário afeito aos livros quanto o político pragmático irão desprezá-lo por ser um "intelectual burguês", e não perderão oportunidade de apontá-lo como tal. Terão a mesma atitude em relação à sua obra que teria um corretor de ações jogando golfe. O não letramento de políticos é uma característica especial de nossa época — como diz G. M. Trevelyan, "No século XVII membros do Parlamento citavam a Bíblia; nos séculos XVIII e XIX, os clássicos; e no século XX, nada" —, e seu corolário é a impotência [política] dos escritores. Nos anos que se seguiram à última guerra, os melhores escritores ingleses eram de tendência reacionária, embora a maioria não tivesse participação direta na política. Depois deles, por volta de 1930, veio uma geração de escritores que tentaram com bastante afinco ser ativamente úteis no movimento de esquerda. Muitos deles filiaram-se ao Partido Comunista, e tiveram lá exatamente a mesma recepção que teriam no Partido

Conservador. Isto é, primeiro foram vistos com condescendência e suspeita, e depois, quando se descobriu que eles não queriam, ou não podiam, se transformar em discos de gramofone, foram sumariamente descartados. A maioria deles recolheu-se em seu individualismo. Sem dúvida ainda votam com os trabalhistas, mas seus talentos estão perdidos para o movimento; e — um desenvolvimento mais sinistro — depois deles surge uma nova geração de escritores os quais, sem serem estritamente não políticos, estão desde o início fora do movimento socialista. Entre os escritores muito jovens que começam agora suas carreiras, os mais talentosos são pacifistas; alguns podem ter ainda uma inclinação para o fascismo. Dificilmente haverá um só para quem a mística do movimento socialista pareça significar alguma coisa. A luta de dez anos contra o fascismo parece ser para eles desprovida de significado ou desinteressante, e eles o afirmam com franqueza. Poder-se-ia explicar isso de várias maneiras, mas a atitude desdenhosa da esquerda em relação aos "intelectuais burgueses" é provavelmente parte dos motivos.

Gilbert Murray relata em algum lugar que ele uma vez palestrava sobre Shakespeare para uma sociedade de debates socialista. No fim, ele abriu para questionamentos, como é usual, para receber a única pergunta que lhe foi feita: "Shakespeare era um capitalista?". O que é deprimente nessa história é que ela bem pode ter sido verdadeira. Acompanhe suas implicações e você talvez tenha uma breve noção do motivo pelo qual Céline escreveu *Mea culpa* e Auden fica olhando para seu umbigo na América.

Tribune, 4 de junho de 1943

*

Quem são os criminosos de guerra?

Aparentemente, o colapso de Mussolini foi uma história extraída direto de um melodrama vitoriano. Enfim a Justiça triunfou, os homens iníquos foram derrotados, os moinhos de Deus estão fazendo seu trabalho. Numa segunda reflexão, no entanto, essa fábula moral não é tão simples nem tão edificante. Para começar, qual foi o crime, se é que houve algum, que Mussolini cometeu? Nas políticas do poder não existem crimes, porque não existem leis. E, por outro lado, há algum aspecto no regime *interno* de Mussolini que possa ser seriamente contestado por qualquer grupo de pessoas capacitado a emitir juízo sobre ele? Pois, como demonstra sobejamente o autor desse livro* — e este é de fato o principal propósito do livro —, não há uma só canalhice cometida por Mussolini entre 1922 e 1940 que não tenha sido louvada e guindada aos céus pelas mesmas pessoas que agora prometem levá-lo a julgamento.

Para os fins dessa alegoria, "Cassius" imagina Mussolini, indiciado, ante um tribunal britânico, tendo como promotor o pro-

---

* *O julgamento de Mussolini*, de "Cassius". (N. E.)

curador-geral. A lista de acusações é impressionante, e os fatos principais — do assassinato de Matteotti até a invasão da Grécia, e da destruição da cooperativa de camponeses até o bombardeio de Addis Ababa — não são contestados. Campos de concentração, acordos rompidos, cassetetes de borracha, óleo de rícino* — tudo é admitido. A única questão problemática é: como é que algo que era louvável na época em que vocês a praticaram — digamos, dez anos atrás — de repente torna-se repreensível? Mussolini recebe permissão de convocar testemunhas, tanto vivas quanto mortas, e demonstrar, por meio das próprias palavras impressas delas, que desde o início os responsáveis por liderar a opinião britânica o incentivaram a fazer tudo que fez. Por exemplo, aí está lorde Rothermere em 1928:

> Em seu próprio país [Mussolini] foi o antídoto a um veneno mortal. Para o resto da Europa ele tem sido um tônico que fez a todos um bem incalculável. Posso alegar com sincera satisfação que fui o primeiro homem numa posição de influência pública a iluminar com uma luz correta a esplêndida conquista de Mussolini [...]. Ele é a maior figura de nossa época.

E eis Winston Churchill em 1927:

> Se eu fosse italiano, estou certo de que estaria de todo coração com você em sua vitoriosa luta contra os bestiais apetites de paixões do leninismo [...]. [A Itália] forneceu o necessário antídoto contra o veneno russo. De agora em diante nenhuma grande nação estará desprovida de meios definitivos de proteção contra o crescimento canceroso do bolchevismo.

---

* Mussolini foi acusado de obrigar seus inimigos a tomar óleo de rícino, para enfraquecê-los e humilhá-los. (N. T.)

Aqui está lorde Mottistone em 1935:

Não me opus [à ação italiana na Abissínia]. Eu quis desfazer a ridícula ilusão de que seria uma coisa boa simpatizar com o oprimido [...]. Disse que seria uma coisa iníqua enviar armas ou ser conivente com o envio de armas a esses cruéis, brutais abissínios, e negá-las àqueles que estão atuando como o lado honrado.

E aqui está o senhor Duff Cooper em 1938:

No que concerne ao episódio abissínio, quanto menos se disser agora, melhor. Quando velhos amigos se reconciliam após uma briga, é sempre perigoso para eles discutir suas causas originais.

E aqui está o sr. Ward Price, do *Daily Mail*, em 1932:

Pessoas ignorantes e preconceituosas falam de questões relativas à Itália como se aquela nação estivesse submetida a alguma tirania da qual ela gostaria de se livrar. Com essa mórbida comiseração por minorias fanáticas que é a regra em certos setores imperfeitamente informados da opinião pública britânica, este país há muito tempo fecha os olhos ao magnífico trabalho que o regime fascista está fazendo. Já ouvi por diversas vezes o próprio Mussolini expressar sua gratidão ao *Daily Mail* por ter sido o primeiro jornal britânico a apresentá-lo corretamente perante o mundo.

E assim por diante, assim por diante, assim por diante. Hoare, Simon, Halifax, Neville Chamberlain, Austen Chamberlain, Hore-Belisha, Amery, lorde Lloyd e vários outros sobem ao banco das testemunhas, todos eles dispostos a defender que, se Mussolini estivesse esmagando os sindicatos italianos, não intervindo na Espanha, jogando gás de mostarda nos abissínios, expulsando árabes de aviões ou construindo uma armada para usá-la contra a Grã--Bretanha, o governo britânico e seu porta-voz oficial o apoiariam, para o que desse e viesse. Mostram-nos lady (Austen) Chamberlain apertando a mão de Mussolini em 1924, Chamberlain e Halifax com ele num banquete erguendo um brinde ao "Imperador da Abissínia", em 1939. Lorde Lloyd bajulando o regime fascista num panfleto oficial já em 1940. A nítida impressão deixada por essa parte no julgamento é muito simplesmente que Mussolini não é culpado. Apenas mais tarde, quando um abissínio, um espanhol e um italiano antifascista apresentam sua evidência, começa a aparecer o verdadeiro caso contra ele.

Bem, o livro é todo fantasioso, mas sua conclusão é realista. É imensamente improvável que os *tories* [conservadores] britânicos alguma vez levem Mussolini a julgamento. Não há nada do que poderiam acusá-lo, exceto por sua declaração de guerra em 1940. Se o "julgamento de criminosos de guerra", com o qual algumas pessoas gostam de sonhar, acontecer alguma vez, só poderá ser após revoluções nos países aliados. Mas toda a noção de encontrar bodes expiatórios, de culpar indivíduos, ou partidos, ou nações pelas calamidades que nos aconteceram suscita outras correntes de pensamento, algumas das quais bem desconcertantes.

A história das relações britânicas com Mussolini ilustra a fraqueza estrutural do Estado capitalista. Afirmar que uma política do poder não é moral, tentar comprar a Itália para que abandone o Eixo — e essa ideia subjaz claramente na política britânica de 1934 em diante —, foi um movimento estratégico natural. Mas não foi um movimento que Baldwin, Chamberlain e os demais fossem capazes de levar adiante. Isso só poderia ser feito sendo tão fortes que Mussolini não ousaria se alinhar com Hitler. Isso era impossível, pois simplesmente não é plausível que uma economia governada e motivada pelo lucro se rearme numa escala moderna. A Grã-Bretanha só começou a se armar quando os alemães estavam em Calais. Antes disso, na realidade, já tinham sido aprovadas quantias bem grandes para armamentos, mas elas escorregaram pacificamente para os bolsos de acionistas, e as armas não apareceram. Como não tinham intenções reais de reduzir seus próprios privilégios, era inevitável que a classe governante britânica conduzisse essa política sem muita vontade, e fechasse os olhos ao perigo iminente. Mas o colapso moral que isso implicava era algo novo na política britânica. No século xix e início do xx, os políticos britânicos podiam ser hipócritas, mas hipocrisia subentende um código moral. Aconteceu algo novo quando membros conservadores do Parlamento aplaudiram a notícia de que navios britânicos haviam sido bombardeados por aviões italianos, ou quando membros da Câmara dos Lordes envolveram-se em campanhas de protesto organizadas contra crianças bascas que estavam sendo trazidas para cá como refugiadas.

Quando se pensa nas mentiras e traições daqueles anos, no cínico abandono de um aliado após outro, no otimismo imbecil da imprensa *tory*, na categórica recusa em acreditar que as ditaduras significavam guerra, mesmo quando elas apregoavam isso dos telhados, na incapacidade da classe endinheirada de enxergar qualquer coisa de errado em campos de concentração, guetos, massacres e guerras não declaradas, pode-se ser levado a sentir que a decadência moral desempenhou sua parte tanto quanto a mera estupidez. Em 1937, ou por volta disso, já não era possível ter dúvidas quanto à natureza dos regimes fascistas. Mas os senhores de propriedades tinham decidido que o fascismo estava do seu lado e mostravam-se dispostos a engolir os mais fedorentos males, contanto que sua propriedade ficasse em segurança. A seu modo canhestro, estavam jogando o jogo de Maquiavel, do "realismo político", ou do "tudo que faz avançar a causa do partido está correto" — evidentemente sendo o partido, no caso, o Partido Conservador.

Tudo isso é apresentado por "Cassius", mas ele se esquiva de um corolário. Ao longo do livro fica implícito que apenas os *tories* são imorais. "Mas ainda existe uma outra Inglaterra", ele diz. "Essa outra Inglaterra detestou o fascismo desde o dia em que nasceu [...]. Era a Inglaterra da esquerda, a Inglaterra do trabalhismo." É verdade, mas só parcialmente verdade. O comportamento efetivo da esquerda tem sido mais honroso do que suas teorias. Ela lutou contra o fascismo, mas os pensadores que a representam penetraram tão profundamente quanto seus oponentes no mundo maligno do "realismo" e da política do poder.

"Realismo" (costumava ser chamado de "desonestidade") é parte da atmosfera política geral de nossa época. É um sinal da fraqueza da posição de "Cassius", o fato de que alguém poderia compilar um livro muito semelhante intitulado *O julgamento de Winston Churchill*, ou *O julgamento de Chiang Kai-shek*, ou até mesmo *O julgamento de Ramsay MacDonald*. Em cada caso ver-se-iam os líderes da esquerda se contradizendo quase tão rudemente quanto os líderes conservadores citados por "Cassius". Pois a esquerda também tem estado disposta a fechar os olhos a muita coisa e a aceitar alguns aliados muito duvidosos. Hoje rimos ao ouvir os *tories* insultando Mussolini quando o bajulavam cinco anos atrás, mas quem poderia prever em 1927 que a esquerda seria um dia tão benevolente com Chiang Kai-shek? Quem poderia prever logo após a Greve Geral que dez anos depois Winston Churchill seria o queridinho do *Daily Worker*? Entre os anos de 1935 e 1939, quando quase todo aliado contra o fascismo parecia aceitável, os esquerdistas viram-se louvando Mustafa Kemal e depois desenvolvendo um sentimento de ternura por Carol, da Romênia.

Embora fosse, sob qualquer critério, mais perdoável, a atitude da esquerda em relação ao regime russo tem sido claramente semelhante à atitude dos *tories* em relação ao fascismo. Houve a mesma tendência de lhes desculpar quase tudo "porque eles estão do nosso lado". Não há nenhum problema que se fale sobre lady Chamberlain sendo fotografada apertando a mão de Mussolini; a fotografia de Stálin apertando a mão de Ribbentrop é muito mais recente. Como um todo, os intelectuais da esquerda defenderam o Pacto Russo-Alemão. Ele foi "realista", assim como a política de apaziguamento de Chamberlain, e com consequências similares. Se há uma saída para a pocilga moral em que estamos vivendo, o primeiro passo em sua direção é provavelmente perceber que "realismo" *não* compensa, e que vender seus amigos e ficar sentado esfregando as mãos enquanto eles são destruídos não constitui a última palavra no que concerne à sabedoria política.

Esse fato é demonstrável em toda cidade entre Cardiff e Stalingrado, mas não muitos são capazes de enxergá-lo. Enquanto isso, é dever dos panfleteiros atacar a direita, mas sem bajular a esquerda. E é, em parte, por ter se satisfeito bastante facilmente consigo mesma que a esquerda chegou onde está hoje.

Mussolini, no livro de "Cassius", depois de convocar suas testemunhas, sobe ele mesmo ao banco para testemunhar. Ele se atém a seu credo maquiaveliano: O poder é que tem razão, *vae victis*! Ele é culpado do único crime que conta, o crime do fracasso, e admite que seus adversários têm direito de matá-lo — mas não, ele insiste, de culpá-lo. O comportamento deles fora similar ao seu, e suas condenações morais são todas hipocrisia. Mas depois disso vêm outras três testemunhas, o abissínio, o espanhol e o italiano, que moralmente estão num plano diferente, uma vez que nunca contemporizaram com o fascismo nem tiveram oportunidade para atuar na política do poder; e todos os três pedem a pena de morte.

Eles a pediriam na vida real? Algo assim poderia um dia acontecer? Não é muito provável, mesmo que as pessoas que realmente têm direito a julgar Mussolini o tivessem, de alguma forma, em suas mãos. Os *tories*, é claro, conquanto se encolham ante um verdadeiro inquérito sobre a origem da guerra, não lamentam ter a oportunidade de lançar toda a culpa sobre alguns indivíduos notórios, como Mussolini e Hitler. Desse modo, a manobra Darlan-Badoglio fica mais fácil. Mussolini é um bom bode expiatório enquanto solto, mas seria um bem desastrado se estivesse preso. Mas e quanto às pessoas comuns? Elas matariam seu tirano a sangue-frio e nos conformes da lei, se tivessem a oportunidade?

É fato que houve muito poucas execuções desse tipo na história. No fim da Primeira Guerra uma eleição foi ganha em parte sob o mote "Enforque o Kaiser", e no entanto, se alguma coisa assim fosse tentada, é provável que a consciência da nação se revoltasse. Quando tiranos são executados, deveriam sê-lo exclusivamente por seus próprios súditos; os que são punidos por uma autoridade estrangeira, como Napoleão, acabam virando mártires e lendas.

O importante no que tange a esses gângsteres políticos não é que se cause sofrimento a eles, mas que fiquem desacreditados. Felizmente, eles ficam mesmo desacreditados em muitos casos, pois com uma surpreendente frequência os senhores da guerra em suas armaduras reluzentes, os apóstolos das virtudes marciais, tendem a não morrer lutando quando chega a sua hora. A história está cheia de saídas ignominiosas dos grandes e famosos. Napoleão rendeu-se aos ingleses para obter proteção contra os prussianos, a imperatriz Eugénie fugiu numa carruagem de aluguel com um dentista americano, Ludendorff recorreu a óculos azuis, um dos mais inconvenientes imperadores romanos tentou escapar a seu assassinato trancando-se num lavatório, e durante os primeiros dias da Guerra Civil Espanhola um líder fascista fugiu de Barcelona, com requintada aptidão, por um esgoto.

É uma saída dessas que se deveria querer para Mussolini, e se ele for deixado consigo mesmo, talvez recorra a elas. Possivelmente, Hitler também. Costumava-se dizer de Hitler que quando sua hora chegasse ele nunca fugiria ou se renderia, mas pereceria de alguma maneira operística, no mínimo suicidando-se. Mas isso foi quando Hitler estava se dando bem; durante o último ano, desde que as coisas começaram a degringolar, dificilmente se pode dizer que ele tenha se conduzido com dignidade ou coragem. "Cassius" termina seu livro com um resumo feito pelo juiz e mantém o veredicto em aberto, parecendo deixar a decisão a cargo de seus leitores. Bem, se essa decisão ficasse em minhas mãos, meu veredicto tanto para Hitler quanto para Mussolini seria: não morte, a menos que infligida de um modo apressado e não espetacular. Se alemães e italianos acharem que eles devem passar por sumária corte marcial e depois por um pelotão de fuzilamento, deixemos que o façam. Ou melhor ainda, deixemos esse par escapar com uma mala cheia de títulos ao portador e se instalar como os chatos de carteirinha em alguma *pension* suíça. Mas nenhuma martirização, nada dessa história de Santa Helena. E, acima de tudo, nenhum solene e hipócrita "julgamento de criminosos de guerra", com toda a lenta e cruel pompa da lei, que depois de algum tempo, de um modo muito estranho, projeta uma luz romântica no acusado e o transforma de canalha em herói.

Tribune, 22 de outubro de 1943

*

Socialistas podem ser felizes?*

Pensar sobre o Natal faz com que quase automaticamente se pense em Charles Dickens, e por duas razões muito boas. Para começar, Dickens é um dos poucos escritores ingleses que de fato escreveram sobre o Natal. O Natal é a mais popular das festas inglesas, e ainda assim produziu uma quantidade assombrosamente pequena de literatura. Temos os hinos natalinos, a maioria deles de origem medieval; temos um punhado de poemas de Robert Bridges, T.S. Eliot e alguns outros, e temos Charles Dickens; mas muito pouco além disso. Em segundo lugar, Dickens é notável, na verdade quase único entre os escritores modernos, em sua aptidão para transmitir uma imagem convincente da *felicidade*.

Dickens tratou com sucesso o tema do Natal duas vezes — num conhecido capítulo de *As aventuras do sr. Pickwick* e em *Um conto de Natal*. Esta última história foi lida para Lênin em seu leito de morte, e segundo sua esposa ele achou o "sentimentalismo burguês" totalmente insuportável. Em certo sentido Lênin tinha razão; mas,

---
* Este artigo foi assinado por outro pseudônimo de Eric Blair: "John Freeman". (N. O.)

se estivesse em melhores condições de saúde, talvez tivesse notado que a história apresenta algumas implicações sociológicas interessantes. Para começar, por mais que Dickens carregue nas tintas, por mais repulsivo que seja o "páthos" do Pequeno Tim, a família Cratchit dá realmente a impressão de estar se divertindo. Eles parecem estar felizes da mesma forma que, por exemplo, os cidadãos de *Notícias de lugar nenhum*, de William Morris, não parecem estar felizes. Além do mais — e a compreensão que Dickens tem disso é um dos segredos de seu poder —, sua felicidade deriva principalmente de contraste. Estão alegres e bem-humorados porque uma vez na vida têm o bastante para comer. O lobo está na porta, mas abanando a cauda. O cheiro do pudim de Natal pode simplesmente pairar sobre a cidade, e num duplo sentido o fantasma de Scrooge posta-se junto à mesa de jantar. Bob Cratchit quer até mesmo beber à saúde de Scrooge, o que a senhora Cratchit, com razão, recusa. Os Cratchit são capazes de desfrutar seu Natal exatamente porque o Natal só acontece uma vez por ano. Sua felicidade é convincente exatamente porque é retratada como incompleta.

Por outro lado, todos os esforços para descrever uma felicidade *permanente* têm fracassado, desde a história mais primeva. Utopias (a propósito, a palavra "utopia" não significa "um lugar bom", apenas "um lugar não existente") têm sido comuns na literatura dos trezentos ou quatrocentos anos recentes, mas aquelas que são "favoráveis" são invariavelmente insossas, e comumente também carentes de vitalidade.

As mais conhecidas utopias modernas são, de longe, as de H.G. Wells. A visão que Wells tem do futuro, implícita em toda sua obra mais antiga e parcialmente apresentada em *Anticipations* e em *A Modern Utopia*, tem expressão mais completa em dois livros escritos no início da década de 1920, *The Dream* e *Men Like Gods*. Ali se tem uma imagem do mundo como Wells gostaria de vê-lo. É um mundo cujas tônicas são um hedonismo esclarecido e a curiosidade científica. Todos os demônios e todas as misérias que agora nos afligem desapareceram. Ignorância, guerra, pobreza, sujeira, doença, frustração, fome, medo, sobrecarga de trabalho, superstição — tudo desapareceu. Expresso dessa maneira, é impossível negar que é o tipo de mundo que todos nós queremos. Todos queremos abolir as coisas que Wells quer abolir. Mas será que existe alguém que realmente quer viver numa utopia wellsiana? Ao contrário, *não viver num mundo como esse, não* acordar um dia num higiênico subúrbio-jardim infestado de rigorosas professorinhas nuas tem se tornado de fato uma consciente motivação política. Um livro como *Admirável mundo novo* é uma expressão do verdadeiro medo que o homem moderno sente da sociedade hedonista racionalizada que ele tem o poder de criar. Um escritor católico disse recentemente que, em termos técnicos, utopias são agora factíveis e que, por consequência, *como evitar uma utopia* tornou-se uma questão séria. Com o movimento fascista bem à nossa vista, não podemos descartar isso como se fosse uma mera e tola observação. Pois uma das fontes do movimento fascista é o desejo de evitar que se crie um mundo racional demais e confortável demais.

Todas as utopias "favoráveis" se parecem quanto ao fato de postularem a perfeição enquanto são incapazes de sugerir a felicidade. *Notícias de lugar nenhum* é um tipo de versão bem-comportada da utopia wellsiana. Todo mundo é gentil e razoável, todo estofamento tem a marca Liberty, mas a impressão que fica por trás disso é de uma espécie de enfadonha melancolia. Os recentes esforços de lorde Samuel na mesma direção, em *An Unknown Country*, são ainda mais sombrios. Os habitantes de Bensalem (palavra tomada emprestada de Francis Bacon) dão a impressão de encarar a vida simplesmente como um mal a ser vencido com o menor alvoroço possível. Tudo que sua sabedoria lhes trouxe foi um permanente abatimento. Porém, mais impressionante que isso é o fato de Jonathan Swift, um dos escritores mais imaginativos que já existiram, não ser mais bem-sucedido que outros na tentativa de construir uma utopia "favorável". As primeiras partes de *Viagens de Gulliver* se constituem provavelmente no mais devastador ataque à sociedade humana jamais escrito. Cada uma de suas palavras é relevante hoje em dia; há trechos que contêm profecias bem detalhadas dos horrores políticos de nosso tempo. O ponto em que Swift fracassa, no entanto, é ao tentar descrever uma raça de seres os quais ele *sim* admira. Na última parte, em contraste com os repulsivos Yahoos, nos são mostrados os nobres Houyhnhnms, uma raça de cavalos inteligentes incapazes de cometer as falhas humanas. Mas esses cavalos, com toda a altivez de seu caráter e seu infalível bom senso, são notadamente criaturas tristes. Assim como os habitantes de várias outras utopias, estão preocupados sobretudo em evitar contratempos. Levam vidas rotineiras, dóceis, "razoáveis", livres não apenas de brigas, desordem ou insegurança de qualquer tipo, mas também de "paixão", inclusive a do amor físico. Elegem seus parceiros com base em princípios de eugenia, evitam excessos afetivos e parecem ficar contentes de morrer quando chega sua hora. Nas primeiras partes do livro, Swift mostrou para onde levam a loucura e a canalhice do homem — mas descarte a loucura e a canalhice e tudo que resta, ao que parece, é uma espécie de existência tépida, que dificilmente vale a pena levar. Tentativas de descrever uma felicidade definitiva no outro mundo não tiveram maior sucesso. O céu é um fiasco tão grande quanto a utopia — embora o inferno, vale a pena observar, ocupe um lugar respeitável na literatura, e com frequência tenha sido descrito de forma mais minuciosa e convincente.

É lugar-comum que o céu cristão, como é em geral retratado, não atrairia ninguém. Quase todos os escritores cristãos que tratam o tema do céu ou dizem francamente que ele é indescritível ou conjuram uma vaga imagem de ouro, pedras preciosas e o interminável entoar de hinos. Isso, é verdade, inspirou alguns dos melhores poemas do mundo:

> *Thy walls are of chalcedony,*
> *Thy bulwarks diamonds square,*
> *Thy gates are of right orient pearl*
> *Exceeding rich and rare!**

Ou:

> *Holy, holy, holy, all the saints adore Thee,*
> *Casting down their golden crowns about the glassy sea,*
> *Cherubim and seraphim falling down before Thee,*
> *That wast, and art, and evermore shalt be!***

Mas o que não se conseguia fazer era descrever um lugar ou uma condição nos quais o ser humano comum gostaria verdadeiramente de estar. Muito ministro revivalista, muito sacerdote jesuíta (veja, por exemplo, o formidável sermão em *Um retrato do artista quando jovem*, de James Joyce) tem apavorado sua congregação ao limite do desespero com suas descrições textuais do inferno. Mas, quando se trata de falar do céu, logo se recai em palavras como "êxtase" e "bem-aventurança", quase sem se tentar dizer em que isso consiste. Talvez o mais crucial segmento de escrita sobre esse tema seja a famosa passagem na qual Tertuliano explica que uma das principais alegrias do céu é assistir às torturas dos conde-

---

* Trecho de "The New Jerusalem", poema anônimo de 1601, clássico da poesia inglesa. Em tradução livre: "Teus muros são de calcedônia,/ De diamante os bastiões da cidade,/ Teus portões, pura pérola do Oriente/ De suprema riqueza e raridade". (N. T.)
** Em tradução livre: "Santo, santo, santo, todos os santos a Te adorar,/ Jogando suas coroas de ouro no vítreo mar/ Querubins e serafins diante de Ti a se prostrar/ Que foste, e és, e para sempre hás de reinar!". (N. T.)

nados. As várias versões pagãs do paraíso não são muito melhores, se é que são melhores. Tem-se a sensação de que é sempre crepúsculo nos Campos Elísios. O Olimpo, onde moram os deuses, com seu néctar e sua ambrosia, e suas ninfas e Hebes, as "vadias imortais", como as chamou D. H. Lawrence, talvez seja um pouco mais parecido com um lar do que o céu cristão, mas ninguém ia querer passar muito tempo lá. Quanto ao paraíso muçulmano, com suas 77 huris para cada homem, todas presumivelmente reivindicando a atenção dele ao mesmo tempo, é mais um pesadelo. Nem os espiritualistas, embora nos assegurem o tempo inteiro que "tudo é luminoso e belo", são capazes de descrever qualquer atividade no mundo vindouro que uma pessoa pensante pudesse considerar sustentável, muito menos atraente.

O mesmo acontece com as tentativas de descrever a perfeita felicidade, que não são nem utópicas nem do outro mundo, e sim meramente sensuais. Sempre dão a impressão de vacuidade ou vulgaridade, ou ambas. No início de *A donzela de Orleãs*, Voltaire descreve a vida de Carlos IX com sua amante, Agnes Sorel. Eles estavam "sempre felizes", diz o autor. E em que consistia sua felicidade? Aparentemente num interminável ciclo de festejar, beber, caçar e fazer amor.

Quem não enjoaria de tal existência após algumas semanas? Rabelais descreve os afortunados espíritos que têm bons momentos no mundo vindouro como consolo pelos maus momentos que passaram neste. Eles entoam uma canção que poderia ser traduzida desta maneira: "Saltar, dançar, pregar peças, beber vinho branco e tinto, e nada fazer o dia inteiro exceto contar coroas de ouro" — quão tedioso soa tudo isso, afinal. O vazio de toda essa noção de uma eterna "boa vida" é mostrado no quadro de Bruegel *O país da Cocanha*, onde três homens, grandes massas de gordura, jazem prostrados, dormindo, cabeça com cabeça, com os ovos cozidos e os pernis de porco assados vindo por sua própria vontade para serem comidos.

Poderia parecer que seres humanos não são capazes de descrever, talvez nem sequer de imaginar, a felicidade a não ser em termos de contraste. É por isso que a concepção de um céu ou uma utopia varia de acordo com a época. Na sociedade pré-industrial, o céu era descrito como um lugar de descanso eterno, e pavimentado em ouro, porque a experiência do ser humano, na média, era de excesso de trabalho e de pobreza. As huris do paraíso muçulmano refletem uma sociedade poligâmica, na qual a maioria das mulheres desaparecia dentro dos haréns dos ricos. Mas essas imagens de "eterna bem-aventurança" sempre falharam porque, assim que a bem-aventurança se tornava eterna (entendendo-se eternidade como tempo infinito), o contraste deixava de funcionar. Algumas das convenções que se incorporaram em nossa literatura surgiram no início de condições físicas que agora deixaram de existir. O culto da primavera é um exemplo disso. Na Idade Média a primavera não significava primeiramente andorinhas e flores silvestres. Significava verduras, leite e carne fresca após vários meses vivendo de carne de porco salgada em cabanas enfumaçadas e sem janelas. As canções de primavera eram alegres —

Só faremos comer e viver ledos,
Agradecendo a Deus os anos cheios;
A carne está barata, as fêmeas caras,
E os rapazes rondando em galanteios,
Alegremente,
Sim, muito alegremente.*

---

* William Shakespeare, *Henrique IV*, parte 2. *Dramas históricos: Teatro completo*. Trad. de Carlos Alberto Nunes. Rio de Janeiro: Agir, 2008. O original diz: "Do nothing but eat and make good cheer,/And thank Heaven for the merry year/When flesh is cheap and females dear,/And lusty lads roam here and there,/So merrily,/And ever among so merrily!". (N. O.)

— porque havia algum motivo para se alegrar. O inverno tinha acabado, esse era o grande motivo. Até mesmo o Natal, festa cristã, provavelmente começou porque teria de haver um ocasional rompante de comida e bebida para fazer uma pausa no insuportável inverno do norte.

A incapacidade do gênero humano de imaginar a felicidade a não ser na forma de *alívio*, seja do cansaço, seja do sofrimento, apresenta ao socialismo um sério problema. Dickens descreve uma família assolada pela pobreza enfiando garfos num ganso assado e consegue fazer com que pareçam felizes; por outro lado, os habitantes de universos perfeitos parecem não usufruir de uma alegria espontânea e costumam ser um tanto repulsivos em suas barganhas. Porém, está claro que não estamos visando ao tipo de mundo que Dickens descreveu, nem, provavelmente, a nenhum mundo que ele fosse capaz de imaginar. O objetivo socialista não é uma sociedade em que no fim tudo acaba bem porque gentis anciãos dão perus de presente. A que estamos visando, senão a uma sociedade na qual a "caridade" seja desnecessária? Queremos um mundo onde Scrooge, com seus dividendos, e o Pequeno Tim, com sua perna tuberculosa, seriam inimagináveis. Mas isso quer dizer que nossa intenção é alcançar sem esforço uma fácil e indolor utopia?

Arriscando-me a dizer algo que os editores do *Tribune* podem não endossar, sugiro que o verdadeiro objetivo do socialismo não é a felicidade. A felicidade tem sido até agora um produto, e até onde sabemos assim pode continuar para sempre. O verdadeiro objetivo do socialismo é a fraternidade humana. Esse é o caso, e assim é amplamente percebido, apesar de isso em geral não ser dito, ou não ser dito alto o bastante. Homens passam suas vidas em dolorosas lutas políticas, ou são mortos em guerras civis, ou torturados em prisões secretas da Gestapo, não para estabelecer algum paraíso com aquecimento central, ar-condicionado e iluminação fluorescente, mas porque eles querem um mundo no qual homens amem uns aos outros em vez de trapacearem e se assassinarem reciprocamente. E eles querem esse mundo como um primeiro passo. Para onde irão a partir daí ainda não é tão certo, e a tentativa de prever em detalhes só faz confundir a questão.

O pensamento socialista tem de lidar com previsões, mas apenas em termos latos. Com frequência, tem-se que visar a objetivos que são discernidos só muito vagamente. Neste momento, por exemplo, o mundo está em guerra e deseja a paz. Porém, o mundo não tem experiência de paz, e nunca a teve, a não ser quando ainda existia o Bom Selvagem. O mundo queria algo que só vagamente pensava poder existir, mas que não era capaz de definir com exatidão. Neste Natal, milhares de homens estarão sangrando até morrer nas neves da Rússia, ou se afogando em águas geladas, ou fazendo uns aos outros em pedaços com granadas nas ilhas pantanosas do Pacífico; crianças sem-teto estarão vasculhando as ruínas de cidades alemãs em busca de comida. Fazer com que esse tipo de coisa seja impossível é um bom objetivo. Mas descrever em detalhes como seria um mundo pacífico já é outra questão, e tentar fazê-lo é capaz de levar aos horrores tão entusiasticamente apresentados por Gerald Heard.*

Quase todos os criadores de utopia se parecem com o homem que está com dor de dente e, por isso, pensa que a felicidade consiste em não ter dor de dente. Eles querem produzir uma sociedade perfeita mediante uma interminável continuação de algo que só foi valioso porque era temporário. Mais sábio seria dizer que há certas linhas ao longo das quais a humanidade tem de se movimentar, que a grande estratégia está mapeada, mas que profecia

---

* Henry Fitz Gerald Heard (1889-1971), autor, radialista e palestrante. É provável que Orwell estivesse se referindo ao livro dele, *Pain, Sex and Time: A New Outlook on Evolution and the Future of Man* (Nova York; Londres: Harper & Brothers, 1939). (N. E.)

em detalhes não faz parte de nosso negócio. Quem quer que tente imaginar perfeição simplesmente revela seu próprio vazio. Esse é o caso até mesmo de um grande escritor como Swift, que é capaz de fustigar tão bem um bispo ou um político, mas que, quando tenta criar um super-homem, só consegue deixar a impressão — o que, afinal, pode ter sido seu propósito — de que os fétidos Yahoos têm mais possibilidade de se desenvolver do que os esclarecidos Houyhnhnms.

Tribune, 24 de dezembro de 1943

*

Ezra Pound —
(trecho selecionado da coluna *As I Please*)

Um correspondente enviou-nos uma carta em defesa de Ezra Pound, o poeta americano que expressou sua adesão a Mussolini alguns anos antes da guerra e tem sido um animado propagandista seu na rádio de Roma. A substância de sua alegação é (a) que Pound não se vendeu simplesmente por dinheiro, e (b) quando se trata de um verdadeiro poeta você pode se permitir ignorar suas opiniões políticas.

Bem, é claro, Pound não se vendeu apenas por dinheiro. Nenhum escritor jamais faz isso. Todo aquele que quisesse antes de mais nada dinheiro deveria ter escolhido alguma profissão que pagasse mais. Mas creio ser provável que Pound se vendeu em parte por prestígio, adulação e uma cátedra. Ele tinha o mais venenoso ódio tanto à Grã-Bretanha quanto aos Estados Unidos, onde achava que seus talentos não haviam sido totalmente apreciados, e é óbvio que acreditava existir uma conspiração contra ele nos países de língua inglesa. Depois ocorreram diversos episódios ignominiosos nos quais se revelou a falsa erudição de Pound, e dos quais ele sem dúvida achou difícil se esquecer. Em meados da década de

1930, Pound já entoava loas "ao Chefe" (Mussolini) em um sem-número de publicações inglesas, inclusive a trimestral *British Union* de Mosley (da qual Vidkun Quisling também era colaborador). Na época da guerra da Abissínia, Pound era vociferantemente anti-Abissínia. Por volta de 1938 os italianos lhe deram uma cátedra em uma de suas universidades, e pouco tempo depois da irrupção da guerra ele adotou a cidadania italiana.

Se por ser um poeta, como tal, devam ser perdoadas suas opiniões políticas, é uma outra questão. É certo que não se pode dizer "X concorda comigo, portanto ele é um bom escritor", e durante os últimos dez anos a crítica literária honesta tem consistido em grande parte em combater essa visão. Pessoalmente admiro vários escritores (Céline, por exemplo) que se passaram para os fascistas, e muitos outros a cuja visão política me oponho fortemente. Mas há de haver o direito de esperar de um poeta uma decência comum. Nunca ouvi as transmissões de Pound, mas com frequência leio seu conteúdo nos Relatos de Monitoramento da BBC, e em termos intelectuais e morais eles são abjetos. O antissemitismo, por exemplo, simplesmente não é uma doutrina de pessoas adultas. Pessoas que se deixam levar por esse tipo de coisa devem assumir as consequências. Mas concordo com nosso correspondente em sua esperança de que as autoridades americanas não peguem Pound e o fuzilem, como ameaçaram fazer. Isso estabeleceria sua reputação de modo tão completo que se poderiam bem passar uns cem anos até que alguém pudesse determinar desapaixonadamente se os tão debatidos poemas de Pound são bons ou não.

Tribune, 28 de janeiro de 1944

*

História e mentiras —
(trecho selecionado da coluna *As I Please*)

Quando sir Walter Raleigh foi aprisionado na Torre de Londres, ele se manteve ocupado escrevendo uma história do mundo. Tinha terminado o primeiro volume e estava trabalhando no segundo quando houve uma briga entre alguns trabalhadores bem embaixo da janela de sua cela, e um dos homens foi morto. A despeito de diligentes investigações e apesar do fato de ele ter efetivamente visto a coisa acontecer, sir Walter nunca foi capaz de descobrir qual fora o motivo da briga, razão pela qual, assim se diz — e se o relato não é verdadeiro, ele decerto deveria ser —, ele queimou o que havia escrito e abandonou o projeto.

Essa história me veio à cabeça não sei quantas vezes nos últimos dez anos, mas sempre acompanhada da reflexão de que Raleigh provavelmente cometeu um erro. [Mesmo] Levando em consideração todas as dificuldades de pesquisa naquela época, e a dificuldade específica de realizar uma pesquisa na prisão, ele provavelmente poderia ter produzido uma história do mundo que apresentaria alguma semelhança com o real decurso dos fatos. Até bem pouco tempo atrás, os principais acontecimentos registrados nos livros de história provavelmente ocorreram. É provavelmente verdade que a batalha de Hastings foi travada em 1066, que Colombo descobriu a América, que Henrique VIII teve seis mulheres, e assim por diante. Certo grau de veracidade era possível enquanto se admitia que um fato pudesse ser verdadeiro ainda que ele não agradasse. Mesmo tão recentemente quanto na última guerra, era possível que a *Encyclopaedia Britannica*, por exemplo, compilasse seus artigos sobre as várias campanhas em parte de fontes alemãs. Alguns dos fatos — os números de baixas, por exemplo — foram considerados imparciais e, em substância, aceitos por todos. Isso hoje não seria possível. Uma versão nazista e uma versão não nazista da guerra atual não teriam semelhança uma com a outra, e qual delas enfim entraria nos livros de história é algo que não será decidido por métodos baseados em evidências, mas no campo de batalha.

Durante a Guerra Civil Espanhola me vi sentindo, de maneira muito intensa, que a verdadeira história dessa guerra nunca seria ou poderia ser escrita. Números exatos, relatos objetivos do que tinha acontecido, simplesmente não existem. E se eu me dei conta disso ainda em 1937, quando ainda havia o governo espanhol e as mentiras que as várias facções republicanas contavam uma sobre a outra e sobre o inimigo ainda eram relativamente pequenas, qual será a situação agora? Mesmo que Franco seja derrubado, de que tipo de registros poderá dispor um futuro historiador? E se Franco ou qualquer um semelhante a ele permanecer no poder, a história da guerra vai consistir bem amplamente de "fatos" que milhões de pessoas viventes sabem serem mentiras. Um desses "fatos", por exemplo, é o de que havia um considerável exército russo na Espanha. Há evidência das mais abundantes de que não existia tal exército. Mas se Franco permanecer no poder, e se em geral o fascismo sobreviver, esse exército russo vai entrar nos livros de história, e futuros alunos nas escolas vão acreditar nisso.

Assim, para quaisquer finalidades práticas, a mentira terá se tornado verdade.

Esse tipo de coisa acontece o tempo todo. Entre os milhões de casos que devem estar disponíveis, escolho um que pode ser verificado. Durante parte de 1941 e de 1942, quando a Luftwaffe estava ocupada com a Rússia, a rádio alemã brindou sua audiência com histórias de devastadores ataques aéreos a Londres. Hoje, estamos cientes de que esses ataques nunca aconteceram. Mas que uso teria esse nosso conhecimento se os alemães houvessem conquistado a Grã-Bretanha? Para os fins de um futuro historiador, esses bombardeios aconteceram ou não? A resposta é: se Hitler sobreviver, eles aconteceram; se ele cair, eles não aconteceram. O mesmo ocorre com inúmeros outros eventos dos dez ou vinte anos passados. Serão os *Protocolos dos sábios de Sião* um documento autêntico? Será que Trótski tramou com os nazistas? Quantos aviões alemães foram abatidos na Batalha da Grã-Bretanha? A Europa dará boas-vindas à nova ordem? Em nenhum desses casos você obterá uma resposta que seja aceita universalmente por ser verdadeira: em cada caso você terá um número de respostas totalmente incompatíveis, uma das quais é por fim adotada como resultado de algum embate físico. A história é escrita pelos vencedores.

Em última análise, nossa única reivindicação de vitoriosos é que caso ganhemos a guerra contamos menos mentiras sobre ela do que nossos adversários. O que é realmente assustador quanto ao totalitarismo não é que cometa "atrocidades", mas que agrida o conceito da verdade objetiva: ele proclama que controla o passado tão bem quanto o futuro. A despeito de toda a mentira e autodissimulação que a guerra estimula, honestamente não creio que se possa dizer que esse hábito mental esteja aumentando na Grã-Bretanha. Juntando tudo eu diria que a imprensa está um pouco mais livre do que antes da guerra. Sei, por experiência própria, que hoje se podem publicar coisas que não se podiam publicar dez anos atrás. Os que resistem ao conflito provavelmente foram menos maltratados nesta guerra do que na última, e a expressão em público de opiniões impopulares é decerto mais segura. Há, portanto, alguma esperança de que o hábito mental liberal, de pensar que a verdade é algo exterior a você, algo a ser descoberto e não algo que você pode inventar ao longo do caminho, sobreviverá. Mas mesmo assim não invejo a tarefa do futuro historiador. Não é estranho o comentário, nesta nossa época, de que nem mesmo as baixas da guerra atual podem ser estimadas em vários milhões?

Tribune, 4 de fevereiro de 1944

*

Biografias —
(da coluna *As I Please*)

Lendo o mais simultaneamente possível *Life of Tolstoy*, do sr. Derrick Leon, o livro sobre Dickens da srta. Gladys Storey, o livro sobre James Joyce de Harry Levin e a autobiografia (conquanto ainda não publicada neste país) de Salvador Dalí, o pintor surrealista, fiquei forçosamente impactado, ainda mais do que o usual, com a vantagem de que usufrui um artista por ter nascido numa sociedade relativamente saudável.

Quando li *Guerra e paz* pela primeira vez, eu devia ter vinte anos, idade na qual não se fica intimidado diante de romances longos, e minha única desavença com esse livro (três robustos tomos — comprimento de talvez quatro romances modernos) foi por ele não ter se prolongado o bastante. A mim pareceu que Nicolau e Natasha Rostov, Pierre Bezukhov, Denisov e todos os restantes eram pessoas sobre as quais se poderia alegremente continuar a ler para sempre. O fato é que a pequena aristocracia russa daquela época, com seu denodo e sua simplicidade, com seus prazeres rústicos, seus tempestuosos casos de amor e suas famílias enormes eram pessoas das mais encantadoras. Uma sociedade assim possivelmente não poderia ser chamada de justa ou progressista. Era baseada na servidão, fato que deixou Tolstói desconfortável ainda em sua infância, e mesmo os aristocratas "esclarecidos" teriam achado difícil pensar no camponês como alguém de sua espécie. O próprio Tolstói não abdicou de espancar seus servos até chegar a uma idade totalmente adulta.

O proprietário de terras exercia uma espécie de *droit de seigneur* sobre os camponeses em sua propriedade. Tolstói teve pelo menos um bastardo, e seu meio-irmão morganático era o cocheiro da família. Mas não dá para sentir por esses simplórios, prolíficos russos o mesmo desprezo que se sente pela sofisticada escória cosmopolita que dá a Dalí seu ganha-pão. A graça que os salva é o fato de serem rústicos, de nunca terem ouvido falar de benzedrina ou unhas do pé douradas, e embora Tolstói fosse se arrepender mais tarde dos pecados de sua juventude, mais vociferante do que a maioria das pessoas ele deve ter sabido que extraía sua força — seu poder criativo, assim como a força de seus vastos músculos — daquele contexto rude e saudável onde se atira em galinholas nos pântanos e onde as moças acham que são felizes se vão a três bailes num ano.

Uma das lacunas em Dickens é que ele não escreve nada, mesmo num tom burlesco, sobre a vida no campo. Sobre agricultura ele nem mesmo finge saber alguma coisa. Há algumas descrições farsescas de caça nas *Aventuras do sr. Pickwick*, mas Dickens, como um radical da classe média, seria incapaz de descrever tais diversões com simpatia. Ele considera os esportes campestres primariamente como um exercício de esnobismo, o que já eram, na Inglaterra, naquela época. Os recintos fechados, o industrialismo, a grande diferença entre riqueza e pobreza, e o culto do faisão e do veado vermelho, tudo isso se combinou para afastar o povo inglês da terra e fazer com que o instinto da caça, que provavelmente é quase universal no ser humano, pareça um mero fetiche da aristocracia. Talvez a melhor coisa em *Guerra e paz* seja a descrição da caça ao lobo. No fim, é o cão do camponês que ultrapassa os cães dos nobres e pega o lobo; e depois Natasha considera perfeitamente natural dançar na cabana do camponês.

Para assistir a tais cenas na Inglaterra seria preciso voltar atrás cem ou duzentos anos, para um tempo no qual a diferença de status não representava uma diferença muito grande nos hábitos. A Inglaterra de Dickens já era dominada pela turma do "Intrusos serão processados". Quando se pensa na atitude da esquerda em relação à caça, ao tiro e a coisas afins, é estranho ponderar que Lênin, Stálin e Trótski eram, todos três, esportistas entusiastas em sua época. Mas pertenciam então a um país enorme e vazio, onde não havia necessariamente conexão entre esporte e esnobismo, e o divórcio entre o campo e a cidade nunca foi completo. Essa sociedade, que quase todo romancista moderno tem como tema, é muito mais simples, menos graciosa e menos despreocupada que a de Tolstói, e captar isso tem sido um dos sinais de talento. Joyce estaria falseando os fatos se tivesse feito as pessoas em *Dublinenses* menos repugnantes do que são. Mas a vantagem natural fica com Tolstói, porque, sendo todo o resto igual, quem não ia preferir escrever sobre Pierre e Natasha a escrever sobre seduções furtivas em pensões ou sobre homens de negócio católicos bêbados comemorando uma "escapada"?

Em seu livro sobre Joyce, o sr. Harry Levin nos dá alguns detalhes biográficos, mas é incapaz de nos dizer muita coisa sobre o último ano de vida de Joyce. Tudo que sabemos é que quando os nazistas entraram na França ele escapou atravessando a fronteira para a Suíça, para morrer cerca de um ano depois em sua velha casa em Zurique. Mesmo o paradeiro dos filhos de Joyce, ao que parece, não é tido como certo.

Os críticos acadêmicos não resistiram a essa oportunidade de chutar o cadáver de Joyce. *The Times* dedicou-lhe um pobre, cauteloso, pequeno obituário, e depois — conquanto a *The Times* nunca faltasse espaço para cartas sobre médias de tacadas [provavelmente críquete] ou sobre o primeiro cuco — recusou-se a publicar a carta de protesto escrita por T.S. Eliot. Isso estava de acordo com a solene e antiga tradição inglesa de que se deve sempre bajular os mortos a menos que aconteça de serem artistas. Deixe um político morrer e seus piores inimigos vão se pôr de pé na Câmara e pronunciar piedosas mentiras em sua homenagem, mas um escritor ou um artista têm de ser desdenhados, ao menos os que têm alguma qualidade. Toda a imprensa britânica se uniu para insultar D. H. Lawrence ("pornógrafo" foi a descrição mais comum) assim que ele morreu. Mas esses arrogantes obituários foram apenas o que Joyce teria esperado. O colapso da França, e a necessidade de fugir da Gestapo como um suspeito político comum, isso já era outra coisa, e quando a guerra terminar será muito interessante descobrir o que Joyce achou sobre isso.

Joyce foi um consciente exilado do filistinismo anglo-irlandês. A Irlanda recusava-se a aceitá-lo, a Inglaterra e a América mal o toleravam. Seus livros eram recusados para publicação, destruídos quando impressos por algum tímido editor, banidos quando saíam, pirateados com a tácita conivência das autoridades, e, em todos os casos, ignorados, até a publicação de *Ulysses*. Ele sentia uma genuína mágoa, e tinha extrema consciência disso. Mas também era seu objetivo ser um artista "puro", "acima das contendas" e indiferente à política. Escrevera *Ulysses* na Suíça, com um passaporte austríaco e uma pensão inglesa, durante a guerra de 1914-8, à qual não prestou atenção na medida do possível. Mas a guerra atual, como Joyce descobriu, não é de um tipo que possa ser ignorada, e creio que deve tê-lo levado a refletir que uma escolha política é necessária, e que mesmo a estupidez é melhor que o totalitarismo.

Uma coisa que Hitler e seus amigos têm demonstrado é como foi relativamente bom para os intelectuais o período dos últimos cem anos. Afinal, como comparar a perseguição a Joyce, Lawrence, Whitman, Baudelaire, até mesmo Oscar Wilde, com o tipo de coisa que está acontecendo a intelectuais liberais por toda a Europa desde que Hitler assumiu o poder? Joyce deixou a Irlanda desgostoso, não teve de fugir para salvar a vida, como quando os tanques rolavam em Paris. Previsivelmente, o governo britânico havia banido *Ulysses* quando foi publicado, mas retirou o banimento quinze anos depois, e, o que provavelmente é mais importante, ajudou Joyce a continuar vivo enquanto o livro era escrito. E mais tarde, graças à generosidade de um admirador anônimo, Joyce pôde levar uma vida civilizada em Paris durante quase vinte anos, trabalhando em *Finnegans Wake* e cercado de um círculo de discípulos, enquanto laboriosas equipes de especialistas traduziam *Ulysses* não só para várias línguas da Europa como até mesmo para o japonês. Entre 1900 e 1920, ele conhecera a fome e o abandono; mas, levando tudo em consideração, sua vida poderia parecer bastante boa para alguém que a estivesse vendo de dentro de um campo de concentração alemão.

O que os nazistas fariam com Joyce se pudessem pôr as mãos nele? Não sabemos. Poderiam até mesmo se esforçar para ganhar sua simpatia e acrescentá-lo a seu pacote de homens da literatura "convertidos". Mas Joyce deve ter visto que eles não só tinham desintegrado a sociedade à qual estava acostumado, mas também eram os inimigos mortais de tudo que ele mais valorizava. A batalha "acima" da qual ele desejara estar, afinal, concernia bem diretamente a ele mesmo, e gosto de pensar na ideia de que antes do fim ele terá chegado a fazer alguns comentários não neutros sobre Hitler — e vindos de Joyce devem ser bem sarcásticos — que hoje se encontram em Zurique e ficarão acessíveis depois da guerra.

Tribune, 10 de março de 1944

*

O que é fascismo? —
(da coluna *As I Please*)

De todas as perguntas não respondidas sobre nossa época, talvez a mais importante seja: "O que é fascismo?".

Uma das organizações americanas de pesquisa social fez recentemente essa pergunta a cem pessoas diferentes e obteve respostas que foram desde "democracia pura" até "demonismo puro". Neste país, se se pedir a uma pessoa medianamente esclarecida que defina o fascismo, ela em geral responderá apontando os regimes alemão e italiano. Mas isso é muito insatisfatório, porque mesmo os grandes Estados fascistas diferem em boa medida um do outro em estrutura e em ideologia.

Não é fácil, por exemplo, encaixar a Alemanha e o Japão num mesmo contexto, e isso é ainda mais difícil em relação a alguns dos pequenos Estados que se poderiam descrever como fascistas. Com frequência supõe-se, por exemplo, que o fascismo é inerentemente belicoso, que ele prospera num ambiente de histeria bélica e só pode resolver seus problemas econômicos mediante preparativos para a guerra ou conquistas no estrangeiro. Mas isso claramente não é verdadeiro no que tange, digamos, a Portugal ou a várias ditaduras sul-americanas. Ou, ainda, o antissemitismo é tido como uma das marcas distintivas do fascismo; mas alguns movimentos fascistas não são antissemitas. Controvérsias eruditas que reverberaram por anos sem fim em revistas americanas não foram capazes nem mesmo de determinar se o fascismo é ou não uma forma de capitalismo. Mas, ainda, quando aplicamos o termo "fascismo" à Alemanha ou ao Japão ou à Itália de Mussolini, sabemos amplamente a que estamos nos referindo. Foi na política interna que essa palavra perdeu o último vestígio de um significado. Porque, se examinar a imprensa, você verá que não existe quase nenhum grupo de pessoas — certamente não um partido político nem um corpo organizado de nenhum tipo — que não tenha sido denunciado como fascista durante os últimos dez anos.

Não estou me referindo aqui ao uso verbal da palavra "fascismo", estou me referindo ao que tenho visto impresso. Tenho visto os termos "simpatizante do fascismo", "de tendência fascista" ou simplesmente "fascista" aplicados com toda a seriedade aos seguintes grupos de pessoas:

Conservadores: todos os conservadores, apaziguadores ou antiapaziguadores são tidos como subjetivamente pró-fascistas. O governo britânico na Índia e nas colônias é tido como indistinguível do nazismo. Organizações de um tipo que poderia ser chamado de patriótico e tradicional são rotuladas como criptofascistas ou "de mentalidade fascista". Exemplos disso são os Escoteiros, a Polícia Metropolitana, o MI5,* a Legião Britânica. Frase típica: "As escolas públicas são terreno fértil para o fascismo".

Socialistas: defensores de um capitalismo de estilo antigo (exemplo, *sir* Ernest Benn) sustentam que socialismo e fascismo são a mesma coisa. Alguns jornalistas católicos afirmam que os

---

* Inteligência Militar 5: serviço de segurança cuja tarefa é observar e neutralizar redes de espionagem estrangeiras que operam em solo inglês. (N. E.)

socialistas têm sido os principais colaboracionistas nos países ocupados pelos nazistas. A mesma acusação é feita de um ângulo diferente pelo Partido Comunista durante suas fases ultraesquerdistas. No período 1930-5 o *Daily Worker* referia-se habitualmente ao Partido Trabalhista como os *Labour*-Fascistas. Isso foi ecoado por outros extremistas de esquerda, como os anarquistas. Alguns nacionalistas indianos consideram os sindicatos britânicos como organizações fascistas.

Comunistas: uma considerável escola de pensamento (exemplos, Rausching, Peter Drucker, James Burnham, F. A. Voigt) recusa-se a reconhecer a diferença entre os regimes nazista e soviético e sustenta que todos os fascistas e comunistas visam aproximadamente à mesma coisa e são até, em certa medida, as mesmas pessoas. Líderes no *The Times* (pré-guerra) referiram-se à URSS como "um país fascista". De novo, isso é ecoado, por outros ângulos, por anarquistas e trostkistas.

Trotskistas: os comunistas acusam os trotskistas propriamente ditos, isto é, a organização do próprio Trótski, de serem um órgão criptofascista sustentado pelos nazistas. A esquerda acreditava amplamente nisso durante o período da Frente Popular. Em suas fases ultradireitistas, os comunistas tenderam a fazer a mesma acusação a todas as facções à esquerda deles mesmos, como a Common Wealth ou o Partido Trabalhista Independente.

Católicos: fora de suas próprias fileiras, a Igreja Católica é quase universalmente considerada pró-fascista, tanto em termos objetivos como subjetivos.

Os que resistem à guerra: pacifistas e outros oponentes ao conflito com frequência são acusados não só de tornar as coisas mais fáceis para o Eixo, como de manifestar sinais de um sentimento pró-fascista.

Os que apoiam a guerra: os que resistem à ideia de uma guerra usualmente baseiam sua posição na alegação de que o imperialismo britânico é pior do que o nazismo, e tendem a aplicar o termo "fascista" a qualquer um que queira uma vitória militar. Os que apoiaram a Convenção do Povo chegaram perto de proclamar que a vontade de resistir à invasão nazista era um sinal de simpatia pelo fascismo. A Home Guard foi denunciada como organização fascista assim que surgiu. Além disso, toda a esquerda tende a equiparar militarismo com fascismo. Soldados rasos com consciência política quase sempre se referem a seus oficiais como "de mentalidade fascista", ou "fascistas naturais". Escolas militares, a cultura de ordem, disciplina e limpeza,* bater continência aos oficiais, tudo isso é considerado condutivo ao fascismo. Antes da guerra, aderir aos Territorials** era considerado sinal de tendências fascistas. Recrutamento e Exército profissional são ambos denunciados como fenômenos fascistas.

Nacionalistas: o nacionalismo é sempre considerado inerentemente fascista, mas entende-se que isso é aplicável apenas a movimentos nacionais desaprovados por quem os está avaliando. O nacionalismo árabe, o nacionalismo polonês, o nacionalismo finlandês, o Partido do Congresso indiano, a Liga Muçulmana, o Sionismo e o IRA*** são todos descritos como fascistas — mas não pelas mesmas pessoas.

Vai-se constatar que, do modo como é usada, a palavra "fascismo" é quase desprovida de todo significado. Numa conversa, é claro, é usada até mesmo mais desarrazoadamente do que quando impressa. Ouvi o termo ser aplicado a agricultores, a lojistas, ao Crédito Social, ao castigo corporal, à caça à raposa, às touradas, ao Comitê de 1922, ao Comitê de 1941, a Kipling, Gandhi, Chiang Kai-Shek, à homossexualidade, aos programas de rádio de Priestley,

---

* Orwell usa a expressão "spit and polish", ou seja, "cuspir na bota e dar-lhe polimento". (N. T.)
** Reservistas voluntários do Exército inglês. (N. T.)
*** Exército Republicano Irlandês. (N. E.)

aos Albergues da Juventude, à astrologia, às mulheres, aos cães e a não sei o que mais.

Mas debaixo de toda essa confusão subjaz uma espécie de significado oculto. Para começar, é óbvio que há diferenças muito grandes, algumas delas fáceis de apontar, mas não fáceis de explicar, entre os regimes chamados fascistas e aqueles chamados democráticos. Segundo, se "fascista" significa "que tem simpatia por Hitler", muitas das acusações que listei são mais justificadas do que outras. Terceiro, todo aquele que indiscriminadamente lança a palavra "fascista" em todas as direções está agregando a ela alguma medida de significado emocional. Por "fascismo" eles estão se referindo, de maneira grosseira, a algo cruel, inescrupuloso, arrogante, obscurantista, antiliberal e anticlasse trabalhadora. Com exceção de um número relativamente pequeno de simpatizantes do fascismo, quase todo inglês vai aceitar "troglodita" como sinônimo de "fascista". É a coisa mais próxima de uma definição a que chegou essa tão abusada palavra.

Mas o fascismo também é um sistema político e econômico. Por que, então, não podemos ter dele uma definição clara e aceita por todos? Ai de nós, não teremos uma — ainda não, pelo menos. Explicar a razão disso é algo que levaria muito tempo, mas basicamente é porque é impossível definir satisfatoriamente fascismo sem admitir coisas que nem os próprios fascistas, nem os conservadores, nem socialistas de nenhum matiz querem admitir. Tudo que se pode fazer no momento é usar a palavra com certa medida de circunspecção e não, como usualmente se faz, degradá-la ao nível de um palavrão.

Tribune, 24 de março de 1944

*

Limites de viagem na Europa —
(trecho selecionado da coluna *As I Please*)

Lendo pouco tempo atrás uma porção de livros "progressistas" muito superficialmente otimistas, fiquei chocado com o modo automático com que as pessoas repetem certas expressões que estavam na moda antes de 1941. Duas grandes favoritas são "abolição das distâncias" e "desaparecimento das fronteiras". Não sei quão frequentemente deparei com declarações de que "o avião e o rádio aboliram as distâncias" e "todas as partes do mundo são agora interdependentes".

O fato é que o efeito das invenções modernas tem sido o de aumentar o nacionalismo, tornar a viagem imensamente mais difícil, reduzir os meios de comunicação entre um e outro país e fazer as várias partes do mundo ficarem *menos*, e não mais, dependentes uma da outra quanto a alimentos e bens manufaturados. Isso não é um resultado da guerra. As mesmas tendências vinham atuando desde 1918, embora tenham se intensificado após a Depressão Mundial.

Por exemplo, tomem-se as viagens. No século xix algumas partes do mundo eram inexploradas, mas quase não havia restrição a viagens. Até 1914 não se precisava de um passaporte para nenhum país, exceto a Rússia. O migrante europeu, se conseguisse arranjar umas poucas libras para a passagem, simplesmente embarcava para a América ou a Austrália, e quando lá chegava não lhe faziam perguntas. No século XVIII era quase normal e seguro viajar para um país com o qual seu próprio país estava em guerra.

Em nossa época, no entanto, viajar tem se tornado cada vez mais difícil. Vale a pena listar as partes do mundo que já eram inacessíveis antes de a guerra começar.

Em primeiro lugar, toda a Ásia Central. Com exceção talvez de uns pouquíssimos comunistas comprovados, nenhum estrangeiro entrou na Ásia soviética já faz muitos anos. O Tibete, graças ao ciúme entre Inglaterra e Rússia, tem se mantido fechado desde cerca de 1912. Sinkinang, em tese parte da China, é igualmente inatingível. Depois todo o Império japonês, exceto o próprio Japão, foi quase barrado a estrangeiros. Nem mesmo a Índia tem sido tão acessível desde 1918. Muitas vezes passaportes foram recusados até para súditos britânicos — e em alguns casos até para indianos!

Mesmo na Europa os limites para viajar estavam constantemente se estreitando. A menos que fosse para uma visita curta, era muito difícil entrar na Inglaterra, como descobriram tantos alquebrados refugiados antifascistas. Vistos para a URSS eram emitidos com bastante relutância a partir de 1935. Todos os países fascistas se fechavam a qualquer um em cujos registros constasse ser antifascista. Havia muitas áreas que só se podiam atravessar com a condição de não descer do trem. E ao longo de todas as fronteiras existiam cercas de arame farpado, metralhadoras e rondas de sentinelas, frequentemente usando máscaras antigás.

Quanto à migração, tinha quase desaparecido desde os anos 1920. Todos os países do Novo Mundo fizeram o que era possível para manter imigrantes afastados, a menos que trouxessem com eles consideráveis somas de dinheiro. A imigração japonesa e chinesa para as Américas havia cessado completamente. Os judeus da

Europa foram obrigados a ficar e ser chacinados porque para eles não havia para onde ir — no caso dos pogrons tsaristas de quarenta anos antes, tinham conseguido fugir em todas as direções. Diante de tudo isso, dizer que os métodos modernos de viagem promovem a intercomunicação é algo que simplesmente não posso entender.

Os contatos intelectuais também diminuíram já há muito tempo. Não faz sentido dizer que o rádio põe as pessoas em contato com países estrangeiros. Se o rádio faz alguma coisa, é exatamente o contrário. Uma pessoa comum jamais ouve uma rádio estrangeira, mas, se em qualquer país um grande número de pessoas sinalizar que o está fazendo, o governo tratará de impedi-las, seja com punições brutais, seja com a apreensão de aparelhos de ondas curtas ou com a instalação de estações que transmitem sinais de interferência. O resultado disso é que toda rádio nacional é um tipo de mundo totalitário em si mesmo, zurrando noite e dia propaganda para pessoas que não têm como ouvir nenhuma outra coisa. Enquanto isso, a literatura fica cada vez menos internacional. A maioria dos países totalitários barra a entrada de jornais estrangeiros e só permite uma pequena quantidade de livros estrangeiros, que são submetidos a uma cuidadosa censura e às vezes são publicados em versões deturpadas. Cartas que circulam de um país a outro habitualmente são adulteradas no meio do caminho. E em muitos países, durante a última dúzia de anos, livros de história têm sido reescritos em termos muito mais nacionalistas do que antes, de modo que as crianças possam crescer com a visão mais falsa possível do mundo lá fora.

Tribune, 12 de maio de 1944

*

Propaganda —
(trecho selecionado da coluna *As I Please*)

Um trecho emitido pela rádio italiana em meados de 1942, descrevendo a vida em Londres:

Ontem um ovo custava cinco xelins, e um quilo de batatas custava uma libra esterlina. O arroz tinha desaparecido, até mesmo do mercado negro, e ervilhas haviam se tornado prerrogativa de milionários. Não há açúcar no mercado, embora ainda se possam encontrar pequenas quantidades a preços proibitivos.

Um dia haverá uma grande, cuidadosa, científica investigação que revele em que medida se acreditava nessa propaganda. Por exemplo, que efeito tem uma notícia como a acima citada, que é bem típica da rádio fascista? Todo italiano que a levasse a sério teria de supor que a Grã-Bretanha estava destinada a entrar em colapso dentro de algumas semanas. Não ocorrendo o colapso, seria de esperar que ele perdesse a confiança nas autoridades que o tinham enganado. Mas não é certo que a reação seja essa. Por períodos bem longos, de qualquer forma, pessoas podem permanecer imperturbáveis ante evidentes mentiras, porque simplesmente se esquecem de um dia para o outro do que foi dito, ou porque estão sob um bombardeio tão constante de propaganda que ficam anestesiadas para tudo que acontece.

Parece claro que vale a pena falar a verdade quando as coisas estão indo mal, mas não é de forma alguma certo que valha a pena ser consistente em sua propaganda. A propaganda britânica é, em boa medida, dificultada por seus esforços para não se contradizer. É quase impossível, por exemplo, discutir a questão da cor da pele de um modo que agrade tanto aos bôeres quanto aos indianos. Os alemães não se preocupam com uma questão tão pequena como essa. Eles apenas dizem a cada um o que acham que ele gostaria de ouvir, supondo, provavelmente com razão, que ninguém se interessa pelos problemas alheios. Algumas vezes suas várias estações de rádio chegaram a se atacar umas às outras.

Uma delas, dirigida a fascistas da classe média, costumava às vezes advertir seus ouvintes quanto a um pseudo-Desafio do Trabalhador de Esquerda, com base no fato de que era "financiado por Moscou".

Outra questão com que terá de lidar essa investigação, se é que ela se realizará um dia, será a das propriedades mágicas de nomes. Quase todos os seres humanos acreditam que uma coisa se torna diferente se for chamada por um nome diferente. Assim, quando irrompeu a Guerra Civil Espanhola, a BBC inventou o termo "insurgentes" para os seguidores de Franco. Isso encobertava o fato de que eles eram rebeldes, fazendo a rebelião parecer respeitável. Durante a guerra na Abissínia, Haile Selassie foi chamado por seus amigos de Imperador, e de Negus por seus inimigos. Católicos ressentem-se muito de serem chamados Católicos Romanos. Os trotskistas chamam a si mesmos de bolcheviques-leninistas, mas seus oponentes recusam-se a chamá-los assim. Países que se libertaram de conquistadores estrangeiros ou passaram por uma revolução nacionalista quase invariavelmente mudam seus nomes, e alguns países ostentam toda uma série de nomes, cada um com uma implicação diferente. Assim, a URSS é chamada de Rússia ou URSS (para uma forma neutra, ou para encurtar), Rússia Soviética (forma amigável) e União Soviética (muito amigável). E é um fato curioso que, dos seis nomes com os quais se chama nosso país, o único que não pisa no calo de um ou de outro é o arcaico e um tanto ridículo nome "Albion".

Tribune, 2 de junho de 1944

*

Koestler e o ramo do livro —
(trecho selecionado da coluna As I Please)

Artigo recente de Arthur Koestler no Tribune* faz-me perguntar a mim mesmo se o ramo do livro voltará a ter o antigo vigor após a guerra, quando houver abundância de papel e outras coisas em que gastar seu dinheiro.

Editoras têm de viver, como todo mundo, e não se pode culpá-las por anunciarem seus artigos, mas a verdadeira e vergonhosa feição da vida literária antes da guerra foi o obscurecimento da diferença entre publicidade e crítica. Certo número dos assim chamados resenhistas, sobretudo os mais conhecidos, era simplesmente escritor de sinopses. A publicidade "gritante" começou em algum momento entre os séculos xix e xx, e à medida que a competição para ocupar o maior espaço possível e usar quanto mais superlativos possível tornava-se mais feroz, os anúncios das editoras converteram-se em importante fonte de receita para alguns

---

* No Tribune de 28 de abril de 1944, Koestler escreveu um artigo em forma de carta a um jovem cabo que lhe tinha escrito pedindo que o aconselhasse sobre quais resenhistas de livros lhe dariam uma orientação confiável. Koestler ressaltou os péssimos padrões de crítica que prevalecem na maior parte da imprensa. (N. E.)

jornais. As páginas literárias de vários jornais muito conhecidos pertenciam na prática a um punhado de editoras, que tinham seus agentes plantados em todos os cargos de peso. Esses miseráveis faziam circular suas louvações — "obra-prima", "brilhante", "inesquecível" e assim por diante — como tantos pianos mecânicos. Um livro proveniente da editora certa poderia ter como absolutamente garantido não apenas o recebimento de resenhas favoráveis como a inclusão na lista dos "recomendados", que industriosos tomadores de livros emprestados recortariam e levariam para a biblioteca no dia seguinte.

Se você já publicou livros em editoras diferentes, logo aprendeu quão forte foi a pressão da publicidade. Um livro oriundo de uma grande editora, que comumente gasta grandes quantias em anúncios, pode conseguir entre cinquenta e 75 resenhas; um livro de uma editora pequena poderá conseguir apenas vinte. Sei de um caso em que um editor de livros religiosos, por algum motivo, meteu na cabeça que ia publicar um romance. Gastou grande montante de dinheiro em anunciá-lo. Conseguiu exatamente quatro resenhas em toda a Inglaterra, e a única mais alentada saiu num jornal de automobilismo, que aproveitou a oportunidade para assinalar que a região do país descrita no romance seria um bom lugar para uma excursão de automóvel. Esse homem não era do ramo, não era provável que seus anúncios se tornassem uma fonte regular de receita para jornais literários, por isso eles simplesmente o ignoraram.

Mesmo jornais literários de boa reputação não poderiam desconsiderar totalmente seus anunciantes. Era muito comum enviar um livro a um resenhista acompanhado de uma formulação mais ou menos assim: "Faça a resenha deste livro, se ele lhe parecer ter alguma qualidade. Se não, mande-o de volta. Não achamos que vale a pena publicar resenhas simplesmente condenatórias".

Como esperado, uma pessoa para quem o guinéu ou se tanto que ele ganha pela resenha representa a renda da próxima semana não vai mandar o livro de volta. Pode-se ter certeza de que ela vai achar alguma coisa para elogiar, seja qual for sua opinião sobre o livro.

Na América mesmo a simulação de que resenhistas amadores leram os livros que estão sendo pagos para criticar tem sido em parte abandonada. Editores, ou alguns editores, enviam, junto com os exemplares a resenhar, uma curta sinopse instruindo o resenhista quanto ao que dizer. Uma vez, no caso de um romance meu, grafaram errado o nome de um personagem. O mesmo erro repetiu-se numa resenha após outra. Os assim chamados críticos não deram nem uma olhada no livro — o qual, não obstante, a maioria deles jogava nas alturas.

Tribune, 9 de junho de 1944

*

Resenha

O negro do Narciso, Tufão, A linha de sombra, Dentro das marés,
de Joseph Conrad

Já foi dito que um escritor criativo só deve ter a pretensão de se manter em plena forma durante cerca de quinze anos, e a bibliografia incluída na reimpressão dos contos de Conrad pela Everyman parece confirmar isso. O auge de Conrad foi de 1902 a 1915. No decurso desses anos ele produziu não apenas *O agente secreto, A força do acaso, ou Chance* e *Vitória*, como toda uma série de histórias longas e curtas, entre as quais *Juventude, O fim das forças, Falk* e *Coração das trevas*. Foi também e somente nesse período que predominaram em sua obra histórias que *não* se referem ao mar.

Do que está sendo agora reimpresso (o livro da Penguin contém quatro histórias) apenas *Tufão* mostra Conrad em sua melhor forma. O título está associado ao mar e ao "romantismo" de ilhas lamosas do Pacífico, e numa época de escassez de papel é sem dúvida inevitável que a mais obviamente pitoresca de suas histórias seja selecionada para uma reedição. Mas, apesar de inevitável, foi uma escolha infeliz. "O plantador de Malata", por exemplo, que ocupa quase metade de *Dentro das marés*, não foi considerado digno de reimpressão. Isso simplesmente ilustra a teatralidade vulgar que era o avesso da consideração que Conrad tinha à *noblesse oblige*.

Por outro lado, *O passageiro secreto*, que foi incluído no mesmo volume, é em essência uma história muito boa, conquanto seja prejudicada pela estranha timidez, ou falta de jeito, que torna difícil a Conrad contar uma história diretamente em primeira pessoa. *O negro do Narciso* contém passagens descritivas magníficas, mas muito curiosamente o que ele tem de mais memorável são certos parágrafos irrelevantes nos quais Conrad se dá o trabalho de expressar suas opiniões políticas e sociais reacionárias. Num penetrante ensaio escrito alguns anos atrás, o marujo-escritor George Garrett assinalava que toda a história provavelmente podia remontar a algum encontro que Conrad, como oficial, tivera com um marinheiro rebelde. *A linha de sombra* é uma história razoável, nem melhor nem pior do que dezenas de outras que Conrad escreveu. *Tufão*, sem dúvida, é muito digno de reimpressão, mas é impossível não lamentar que não tenha sido acompanhado por *A força do acaso*, ou *Chance* ou *O agente secreto*, e por alguns dos contos com temas correlatos.

Quase todo ou todo o charme de Conrad provém do fato de que ele era europeu, e não inglês. Isso se mostra mais evidente no estilo de sua escrita, que mesmo em seus melhores momentos, e talvez especialmente neles, parece ter sido uma tradução. Dizem que por muitos anos ele foi obrigado a traduzir seus pensamentos do polonês para o francês, e do francês para o inglês, e quando emprega expressões como "*his face of sick goat*" [seu rosto de bode doente] ou põe o adjetivo depois do substantivo ("*it was a fate unique and their own*" [era seu destino único e próprio]) pode-se acompanhar o processo de trás para a frente, ao menos até chegar ao francês. Mas o romantismo de Conrad, seu amor aos grandes gestos e ao solitário Prometeu lutando contra o destino, de certo modo também é "não inglês". Ele tinha a aparência de um aristocrata europeu, e acreditava na existência do "cavalheiro inglês" numa época em que esse tipo estava extinto havia mais ou menos duas gerações. Em consequência, Conrad estava constantemente criando personagens nos quais uma aptidão para aventuras e uma aptidão para apreciá-las se combinavam de um modo que seria impossível na vida real. *Lord Jim*, por exemplo, é absurdo como um todo, a despeito das brilhantes passagens que descrevem o afundamento do navio. *O fim das forças* é um exemplo de história na qual o apreço de Conrad pela nobreza pessoal produz um efeito de real emoção, mas um inglês provavelmente não poderia tê-la escrito. Para admirar o homem inglês tanto quanto Conrad admirava, é preciso ser um estrangeiro contemplando os ingleses com um olhar não condicionado e ligeiramente equivocado.

Outra vantagem de Conrad por sua origem europeia foi uma considerável compreensão de políticas conspiratórias. Ele tinha, e o expressava constantemente, horror aos anarquistas e niilistas, mas também sentia uma espécie de simpatia por eles, porque era polonês — talvez um reacionário na política interna, mas um rebelde contra a Rússia e a Alemanha. Suas passagens mais vívidas podem ter se relacionado ao mar, mas sua maturidade se destaca quando está em terra firme.

Observer, 24 de junho de 1945

*

Arthur Koestler

Um fato notável no tocante à literatura inglesa ao longo do século atual é o quanto ela foi dominada por estrangeiros — por exemplo, Conrad, Henry James, Shaw, Joyce, Yeats, Pound e Eliot. Ainda assim, se quiser fazer disso uma questão de prestígio nacional e examinar nossas conquistas em vários ramos da literatura, você vai descobrir que a Inglaterra se saiu bem, até chegar ao que pode ser mais ou menos descrito como escrita política, ou panfletária. Refiro-me com isso à classe especial de literatura que surgiu da luta política europeia a partir do advento do fascismo. Sob essa rubrica, podem-se agrupar romances, autobiografias, livros de "reportagem", tratados sociológicos e simples panfletos, todos eles com uma origem comum e em grande medida com a mesma atmosfera emocional.

Algumas das figuras mais destacadas nessa escola de escritores são Silone, Malraux, Salvemini, Borkenau, Victor Serge e o próprio Koestler. Alguns deles são escritores imaginativos, outros não, mas são todos parecidos por tentarem escrever história contemporânea, mas uma história *não oficial*, do tipo que é ignorado pelos livros didáticos e sobre o qual os jornais mentem. Todos ainda se assemelham por serem europeus continentais. Pode parecer um exagero, mas não será um grande excesso dizer que, sempre que se publica no país um livro que trata do totalitarismo — e ainda vale a pena lê-lo seis meses após a publicação —, trata-se de um livro traduzido de alguma língua estrangeira. Escritores ingleses, na última dúzia de anos, têm despejado uma avalanche de literatura política, mas não produziram quase nada de valor estético, e fizeram igualmente muito pouco de valor histórico. O Clube do Livro de Esquerda, por exemplo, tem funcionado desde 1936. De quantas de suas obras selecionadas você lembra pelo menos o título? Alemanha nazista, Rússia soviética, Espanha, Abissínia, Áustria, Tchecoslováquia — tudo que esses temas e congêneres têm produzido, na Inglaterra, são evasivos livros de reportagem, panfletos desonestos nos quais a propaganda é engolida inteira e depois regurgitada, meio digerida, e pouquíssimos guias e livros didáticos confiáveis. Não houve nada parecido com, por exemplo, *Fontamara* e *O zero e o infinito*, porque quase não há escritor inglês que tenha passado pela experiência de ver o totalitarismo por dentro. Na Europa, durante a última década e além dela, têm ocorrido coisas à classe média que na Inglaterra não acontecem nem mesmo à classe obreira. A maioria dos escritores europeus que mencionei acima, e muitos outros como eles, têm sido obrigados a transgredir a lei para se envolver na política; alguns têm jogado bombas e participado de combates nas ruas, muitos estiveram na prisão ou em campos de concentração, ou fugiram cruzando fronteiras com nomes falsos e passaportes forjados. Não dá para imaginar, digamos, o professor Lanski permitindo-se participar de atividades desse tipo. A Inglaterra carece, portanto, do que se poderia chamar de literatura de campo de concentração. O mundo especial criado pelas forças da polícia secreta, censura de opinião, tortura, simulacros de julgamento, é conhecido, é claro, e em certa medida desaprovado, mas tem causado um impacto emocional muito pequeno. Um resultado disso é que na Inglaterra quase não há uma literatura de desilusão quanto à União Soviética. Existe a atitude de desaprovação ignorante, e existe a atitude de admiração acrítica, mas muito pouco há entre as duas. A opinião quanto aos julgamentos da sabotagem em Moscou, por exemplo, estava dividida, mas dividida sobretudo quanto aos acusados serem ou não culpados. Poucas pessoas foram capazes de ver que, justificados ou não, os julgamentos foram de um indizível horror. E a desaprovação por ingleses das afrontas nazistas também têm sido algo irreal, que se abre e fecha como uma torneira, de acordo com a conveniência política. Para entender essas coisas é preciso ser capaz de se imaginar como vítima, e, para um inglês, escrever *O zero e o infinito* seria um acidente tão improvável quanto um mercador de escravos escrever *A cabana do pai Tomás*.

A obra de Koestler na realidade está centrada nos julgamentos de Moscou. Seu tema principal é a decadência de revoluções devido aos efeitos corruptores do poder, mas a natureza especial da ditadura de Stálin o trouxe de volta a uma posição não muito desprovida de um conservadorismo pessimista. Não sei quantos livros ele escreveu ao todo. É um húngaro cujos primeiros livros foram escritos em alemão, e cinco deles foram publicados na Inglaterra: *O testamento espanhol*, *Os gladiadores: A saga de Espártaco*, *O zero e o infinito*, *Scum of the Earth* [Escória da Terra] e *Cruzada sem cruz*. O tema central de todos é semelhante, em nenhum deles se escapa por mais de algumas páginas de uma atmosfera de pesadelo. Dos cinco livros, a ação de três deles se passa total ou quase totalmente na prisão.

Nos primeiros meses da Guerra Civil Espanhola, Koestler foi correspondente do *News Chronicle's* na Espanha, e no início de 1937 foi feito prisioneiro quando os fascistas capturaram Málaga. Foi quase fuzilado imediatamente, depois passou alguns meses preso numa fortaleza, ouvindo toda noite rajadas de tiros quando levas e mais levas de republicanos eram executadas, a maior parte do tempo estando ele mesmo em perigo iminente de também o ser. Não foi uma aventura casual que "pode acontecer a qualquer um" — foi coerente com o estilo de vida de Koestler. Uma pessoa indiferente à política não estaria na Espanha naquela data, um observador mais cauteloso teria saído de Málaga antes da chegada dos fascistas, um jornalista britânico ou americano teria sido tratado com mais consideração. O livro que Koestler escreveu sobre isso, *O testamento espanhol*, tem passagens notáveis, mas, à parte a fragmentação que é comum em livros de reportagem, em alguns trechos ele é definitivamente enganoso. Nas cenas de prisão Koestler cria com sucesso a atmosfera de pesadelo que é, por assim dizer, uma patente sua, mas o resto do livro é demasiadamente marcado pela ortodoxia da Frente Popular na época. Uma ou duas passagens até parecem ter sido manejadas para os propósitos do Clube do Livro da Esquerda. Durante todo esse período Koestler ainda era, ou tem sido nos últimos tempos, membro do Partido Comunista, e a complexa política da guerra civil tornou impossível para qualquer comunista escrever honestamente sobre as lutas internas no lado do governo. O pecado de quase todos os esquerdistas de 1933 em diante é que queriam ser antifascistas sem ser antitotalitaristas. Koestler já sabia disso em 1937, mas não se sentiu livre para expressá-lo. Ficou bem mais próximo de dizê-lo — na verdade ele o disse, embora tenha posto uma máscara para fazê-lo — em *Os gladiadores*, que foi publicado cerca de um ano antes da guerra e por algum motivo atraiu muito pouca atenção.

Os gladiadores é, em alguns aspectos, um livro insatisfatório. É sobre Espártaco, o gladiador trácio que liderou uma revolta de escravos na Itália por volta de 65 a.C., e qualquer livro sobre esse assunto sai em desvantagem na desafiadora comparação com *Salambô*. Em nossa própria época não seria possível escrever um livro como *Salambô*, mesmo que alguém tivesse talento para isso. O que é grandioso em *Salambô*, ainda mais importante que os detalhes físicos, é sua total impiedade. Flaubert pôde se imaginar na pétrea crueldade da Antiguidade, porque em meados do século xix ainda havia paz para a mente. Havia tempo para se viajar ao passado. Hoje em dia o presente e o futuro são terríveis demais para que se possa escapar deles, e se alguém se incomoda com a história é para poder encontrar nela significados modernos. Koestler faz de Espártaco uma figura alegórica, uma versão primitiva do ditador proletário. Enquanto Flaubert foi capaz, num prolongado esforço da imaginação, de fazer seus mercenários serem verdadeiramente pré-cristãos, Espártaco é um homem moderno disfarçado. Mas isso não teria importância se Koestler tivesse plena consciência do que sua alegoria quer dizer. Revoluções sempre dão errado — esse é o tema central. É na questão de *por que* elas dão errado que ele titubeia, e essa incerteza penetra na história e torna as figuras centrais enigmáticas e irreais.

Durante vários anos os escravos rebelados são continuamente bem-sucedidos. Eles chegam a 100 mil, apoderam-se de grandes áreas da Itália meridional, derrotam expedições punitivas uma após outra, aliam-se aos piratas, que na época eram os senhores do Mediterrâneo, e finalmente começam a trabalhar na construção de uma cidade para si, a ser chamada Cidade do Sol. Nela os seres humanos deverão ser livres e iguais, e, acima de tudo, deverão ser felizes; nada de escravidão, nem fome, nem injustiça, nem açoitamentos, nem execuções. É o inerradicável sonho da sociedade justa que parece assombrar a imaginação humana em todas as épocas, seja quando é chamada de Reino dos Céus ou de sociedade sem classes, seja quando pensada como uma Idade de Ouro que existiu uma vez no passado e a partir da qual nos degeneramos. Desnecessário dizer, os escravos não conseguem alcançá-la. Nem bem se tornaram uma comunidade e seu modo de vida se torna tão injusto, trabalhoso e dominado pelo medo quanto qualquer outro. Até mesmo a cruz, símbolo da escravidão, tem de ser ressuscitada para a punição dos malfeitores. O ponto de inflexão é quando Espártaco é obrigado, ele mesmo, a crucificar vinte de seus mais antigos e fiéis seguidores. Depois disso, a Cidade do Sol está condenada, os escravos se cindem e são meticulosamente derrotados, sendo os últimos 15 mil capturados e crucificados de uma só vez.

O ponto fraco dessa história é que os motivos do próprio Espártaco nunca ficam claros. O legislador romano Fúlvio, que se junta à revolta e se torna seu cronista, expõe o familiar dilema dos fins e dos meios. Não se pode alcançar nada a menos que se esteja disposto a usar a força e a astúcia, mas ao se usá-las pervertem-se os objetivos originais. Espártaco, no entanto, não é representado como alguém sedento de poder, nem, por outro lado, como um visionário. É movido por alguma força obscura que ele não compreende, e frequentemente está em dúvida se não seria melhor se desfazer de toda aquela aventura e fugir para Alexandria enquanto tudo está indo bem. A república dos escravos, em todo caso, é arruinada mais por hedonismo do que pela luta pelo poder. Eles estão descontentes com sua liberdade porque ainda têm de trabalhar, e a ruptura final se dá porque os mais tumultuosos e menos civilizados, em especial gauleses e germânicos, continuam a se comportar como bandidos após o estabelecimento da república. Esse poderia ser um relato verdadeiro dos eventos — naturalmente sabemos muito pouco sobre as revoltas de escravos na Antiguidade —, mas, ao permitir que a Cidade do Sol seja destruída porque não se puderam impedir os saques e estupros de Crixus, o gaulês, Koestler titubeia entre a alegoria e a história. Se Espártaco é o protótipo do revolucionário moderno — e obviamente essa é a intenção —, ele devia ter se extraviado devido à impossibilidade de combinar o poder com a retidão. Do modo como é apresentado, ele é uma figura passiva, mais influenciada do que influente, e às vezes não convence. A história falha em parte porque o problema central da revolução foi evitado, ou ao menos não foi resolvido.

E é novamente evitado, de modo mais sutil, no livro seguinte, a obra-prima de Koestler, O zero e o infinito. Aqui, no entanto, a história não fica comprometida, pois trata de indivíduos, e seu interesse é psicológico. É um episódio pinçado de um contexto que não precisa ser questionado. O zero e o infinito descreve a prisão e a morte de um velho bolchevique, Rubashov, que primeiro nega e por fim confessa crimes que ele tem total consciência de não ter cometido. O caráter adulto, a ausência de surpresa ou de denúncia, o compadecimento e a ironia com que a história é contada demonstram a vantagem, quando se está abordando um tema como esse, de ser um europeu. O livro chega à estatura de uma tragédia, enquanto um escritor inglês ou americano no máximo teria feito dele uma peça polêmica. Koestler digeriu bem seu material, e pôde tratá-lo num nível estético. Ao mesmo tempo, o modo com que lida com ele tem implicações políticas, neste caso não importantes, mas capazes de serem danosas em livros posteriores.

A obra toda, naturalmente, gira em torno de uma pergunta: por que Rubashov confessa? Ele não é culpado de nada, exceto do crime essencial de não gostar do regime de Stálin. Os atos concretos de traição em que ele supostamente se envolveu são todos imaginários. Ele nem mesmo foi torturado, ao menos não de maneira tão severa. Rubashov é vencido pela solidão, dor de dente, abstinência do fumo, por luzes brilhantes ofuscando seus olhos e por um interrogatório contínuo, mas tudo isso, por si, não seria suficiente para dobrar um endurecido revolucionário. Antes disso os nazistas tinham feito pior com ele sem lhe arruinar o espírito. As confissões que se obtinham nos julgamentos de Estado na Rússia são passíveis de três explicações:

1. a de que os acusados eram culpados;
2. a de que eram torturados, e talvez chantageados com ameaças a parentes e amigos;
3. a de que eram tomados pelo desespero, pela falência mental e pelo hábito de serem leais ao partido.

Para os propósitos de Koestler em O zero e o infinito, a número 1 é descartada, e embora não seja este o lugar para discutir os expurgos na Rússia, devo acrescentar que toda pequena evidência verificável que existe sugere que os julgamentos dos bolcheviques eram armações. Ao se supor que os réus não eram culpados — pelo menos não das coisas específicas que tinham confessado —, então a número 2 seria a explicação mais condizente com o senso comum. Koestler, no entanto, inclina-se para a número 3, que também é a aceita pelo trotskista Boris Souvarine em seu panfleto *Cauchemar en U.R.S.S.* [Pesadelo na U.R.S.S.]. Rubashov por fim confessa por que não consegue encontrar em sua própria mente um motivo para não fazê-lo. Justiça e verdade objetiva há muito deixaram de ter qualquer significado para ele. Por décadas ele fora simplesmente a criatura do partido, e o que o partido exige dele agora é que confesse crimes inexistentes. No fim, embora tivesse de ser violentado e enfraquecido primeiro, ele fica um tanto orgulhoso de sua decisão de confessar. Sente-se superior ao pobre oficial tsarista que ocupa a cela ao lado e conversa com Rubashov por meio de batidas na parede. O oficial tsarista fica chocado quando é informado de que Rubashov pretende capitular. Na opinião dele, de seu ponto de vista "burguês", todo mundo deve se agarrar a suas armas, até mesmo um bolchevique. Honra, ele diz, consiste em fazer o que se acha certo. "Honra é servir sem estardalhaço." Rubashov tamborila em resposta, e pensa com certa satisfação que está batendo na parede com seu pincenê, enquanto o outro, uma relíquia do passado, está batendo com um monóculo. Como Bukhárin, Rubashov "contempla uma negra escuridão". O que haveria ali, que código, que lealdade, que noção do bem e do mal, em cujo benefício ele deva desafiar o partido e suportar mais tormentos? Ele não apenas está sozinho, ele está vazio. Cometeu consigo mesmo crimes piores do que esse que agora está sendo perpetrado contra ele. Por exemplo, como enviado secreto do partido na Alemanha nazista ele se livrara de seguidores desobedientes denunciando-os à Gestapo. Bastante curiosa, se ele tiver a força interior para resgatá-la, é a lembrança de sua infância quando era o filho de um proprietário de terras. A última coisa de que se recorda no momento em que é fuzilado pelas costas são as folhas dos álamos na propriedade do pai. Rubashov pertence à velha geração de bolcheviques que foi amplamente varrida nos expurgos. Ele conhece a arte e a literatura do mundo exterior à Rússia. Contrasta de maneira nítida com Gletkin, o jovem da GPU* que conduz seu interrogatório, e que é o típico "bom quadro partidário", sem nenhum escrúpulo ou curiosidade, um gramofone pensante. Rubashov, diferentemente de Gletkin, não tem na Revolução seu ponto de partida. Sua mente não era uma tábula rasa quando o partido se apossou dela. Sua superioridade sobre o outro é por fim rastreável à sua origem burguesa.

Não se pode, penso eu, alegar que *O zero e o infinito* é apenas uma história que aborda as aventuras de um indivíduo imaginário. É, sem dúvida, um livro político, que tem sua base na história e oferece uma interpretação de eventos controversos. Rubashov poderia chamar-se Trótski, Bukhárin, Rakovsky ou alguma outra figura relativamente civilizada entre os antigos bolcheviques. Se alguém escreve sobre os julgamentos de Moscou, tem de responder à pergunta: "Por que o réu confessou?", e a resposta que a ela se dá constitui uma decisão política. Koestler responde, com efeito: "Porque essa gente foi corrompida pela Revolução à qual ser-

---

* Polícia secreta da União Soviética. (N. O.)

viu", e ao fazer isso ele chega perto de afirmar que revoluções são, por sua própria natureza, ruins. Se alguém supuser que os réus nos julgamentos de Moscou foram obrigados a confessar por meio de algum tipo de terrorismo, só estará dizendo que determinado grupo de líderes revolucionários desviou-se do caminho. Deve-se culpar indivíduos, e não a situação. O que o livro de Koestler faz supor, no entanto, é que Rubashov no poder não seria melhor do que Gletkin; ou, então, só seria melhor na perspectiva de que ele é ainda pré-revolucionário. A Revolução, parece dizer Koestler, é um processo corruptor. Penetre fundo na Revolução e você terá de acabar ou como Rubashov ou como Gletkin. Não se trata apenas de que "o poder corrompe"; assim fazem também os caminhos para se obter o poder. Portanto, todos os esforços para regenerar a sociedade *por meios violentos* levam aos porões da GPU, Lênin leva a Stálin, e chegaria a se parecer com Stálin se continuasse vivo.

Claro que Koestler não o diz explicitamente, e talvez nem esteja de todo consciente disso. Ele está escrevendo sobre a escuridão,* mas uma escuridão na qual deveria haver a luz do meio-dia. Em parte do tempo ele acredita que tudo poderia ter sido diferente. A noção de que este ou aquele fulano "traiu", de que as coisas só deram errado devido a uma iniquidade individual, está sempre presente no pensamento da esquerda. Mais tarde, em *Cruzada sem cruz*, Koestler muda de direção e se aproxima muito mais da posição antirrevolucionária, mas entre esses dois livros houve outro, *Scum of the Earth* [Escória da Terra], que é francamente autobiográfico e só faz referência indireta aos problemas levantados em *O zero e o infinito*. Fiel a seu estilo de vida, Koestler foi apanhado na França pela irrupção da guerra e, como estrangeiro e antifascista conhecido, foi logo preso e encarcerado pelo governo de Daladier.

---

* Em inglês, "darkness", do título original do livro, *Darkness at noon*, ou seja, escuridão ao meio-dia. (N. T.)

Passou os nove primeiros meses da guerra principalmente num campo de prisioneiros e depois, durante o colapso da França, fugiu e, por caminhos tortuosos, chegou à Inglaterra, onde mais uma vez foi jogado na prisão como alienígena inimigo. Dessa vez, no entanto, foi logo libertado. O livro é uma valiosa peça de reportagem e, juntamente com outros poucos fragmentos de escrita honesta produzidos na época da debacle, constitui um lembrete das profundezas a que pode chegar a democracia burguesa. Neste momento, com a França novamente libertada e a caça às bruxas atrás de colaboracionistas num ímpeto total, estamos prontos a esquecer que em 1940 vários observadores locais consideravam que cerca de 40% da população francesa era ou ativamente pró-Alemanha ou completamente apática. Livros de guerra verídicos nunca são aceitáveis para os não combatentes, e o livro de Koestler não teve uma recepção tão boa. Ninguém saiu muito bem dele — nem os políticos burgueses, cuja ideia de conduzir uma guerra antifascista consistia em prender cada esquerdista em que pudessem pôr as mãos; nem os comunistas franceses, que eram efetivamente pró-nazistas e fizeram o melhor que puderam para sabotar o esforço de guerra francês; nem as pessoas comuns, que foram capazes de seguir charlatães como Doriot como se fossem líderes responsáveis. Koestler registra algumas conversas fantásticas com colegas, vítimas como ele, no campo de concentração, e acrescenta que até então, como a maioria dos socialistas e comunistas da classe média, ele nunca fizera contato com proletários reais, só com a minoria instruída. Ele chega a uma conclusão pessimista: "Sem educação das massas, nenhum progresso social; sem progresso social, nenhuma educação das massas". Em *Scum of the Earth* Koestler deixa de idealizar as pessoas comuns. Ele abandona o stalinismo, mas não chega a ser um trotskista. Essa é a verdadeira conexão do livro com *Cruzada sem cruz*, no qual se abole o que é normalmente chamado de perspectiva revolucionária, talvez para sempre.

Cruzada sem cruz não é um livro satisfatório. A pretensão de ser um romance é muito tênue; na verdade é um tratado que procura demonstrar que os credos revolucionários são racionalizações de impulsos neuróticos. Com uma simetria demasiadamente nítida, o livro começa e termina com a mesma ação — um salto num país estrangeiro. Um jovem ex-comunista que conseguiu fugir da Hungria salta na costa de Portugal, onde espera pôr-se a serviço da Inglaterra, na época a única potência que lutava contra a Alemanha. Seu entusiasmo é um tanto arrefecido pelo fato de o consulado britânico não estar interessado nele e quase ignorá-lo num período de vários meses, durante os quais seu dinheiro acaba e outros refugiados mais espertos fogem para a América. Ele é sucessivamente tentado pelo mundo na forma de um propagandista nazista, pela carne na forma de uma garota francesa, e — após um colapso nervoso — pelo Diabo, na forma de uma psicanalista. A psicanalista arranca dele o fato de que seu entusiasmo revolucionário não se baseia em nenhuma crença real numa necessidade histórica, mas num mórbido complexo de culpa por ter em sua primeira infância tentado cegar seu irmão bebê. No momento em que surge uma oportunidade de servir aos aliados ele perde toda a motivação para fazer isso, e está a ponto de ir para a América quando seus impulsos irracionais novamente se apoderam dele. Na prática, ele não pode abandonar a luta. No final do livro ele está pairando e baixando num paraquedas sobre a paisagem escura de seu país nativo, onde será empregado como agente secreto da Grã-Bretanha.

Como declaração política (e o livro não é muito mais do que isso), é insuficiente. É claro que é verdade em muitos casos, e pode ser verdade em todos os casos, que a atividade revolucionária resulte de um desajuste pessoal. Os que lutam contra a sociedade são, no todo, os que têm motivos para não gostar dela, e pessoas normais e saudáveis não são atraídas por violência e ilegalidade mais do que o são pela guerra. O jovem nazista em *Cruzada sem cruz* faz a penetrante observação de que se pode ver o que há de errado no movimento esquerdista pela feiura de suas mulheres. Mas, afinal de contas, isso não invalida a causa socialista. As ações levam a resultados, independentemente de suas motivações. As verdadeiras motivações de Marx podem ter sido a inveja e o rancor, mas isso não prova que suas conclusões foram falsas. Ao fazer o herói de *Cruzada sem cruz* tomar sua decisão final com base em mero instinto de não se esquivar à ação e ao perigo, Koestler está fazendo-o sofrer uma súbita perda de inteligência. Com sua história, ele deveria ser capaz de ver que certas coisas têm de ser feitas quer as razões para fazê-las sejam "boas", quer sejam "ruins". A história precisa se mover numa certa direção, mesmo que tenha de ser empurrada nessa direção por neuróticos. Em *Cruzada sem cruz* os ídolos de Peter são derrubados, um após outro. A Revolução Russa degenerou; a Grã-Bretanha, simbolizada no idoso cônsul com dedos gotosos, não é melhor; o proletariado internacional com consciência de classe é um mito. Mas a conclusão (uma vez que, afinal, Koestler e seu herói "apoiam" a guerra) deve ser que se livrar de Hitler ainda é um objetivo que vale a pena, certa limpeza necessária cujas motivações são quase irrelevantes.

Para tomar uma decisão política é preciso ter uma visão de futuro. Presentemente não parece que Koestler tenha alguma, ou então tem duas que se anulam uma à outra. Como objetivo final ele acredita num Paraíso Terrestre, o Estado do Sol que os gladiadores tentaram estabelecer e que assombrou a imaginação dos socialistas, anarquistas e hereges religiosos durante centenas de anos. Mas sua inteligência lhe diz que o Paraíso Terrestre está retrocedendo à distância, e o que efetivamente temos diante de nós é derramamento de sangue, tirania e privações. Pouco tempo atrás ele descreveu a si mesmo como um "pessimista no curto prazo". Todo tipo de horror está soprando no horizonte, mas de algum modo tudo dará certo no fim. Essa perspectiva está provavelmente ganhando terreno entre aqueles capazes de reflexões: ela resulta da grande dificuldade, após se ter abandonado uma crença religiosa ortodoxa, de aceitar a vida na terra como inerentemente miserável, e, por outro lado, da percepção de que fazer com que a vida seja vivível é um problema muito maior do que parecia ser até algum tempo atrás. Desde cerca de 1930 o mundo não deu motivo a nenhum tipo de otimismo. Não se tem nada à vista a não ser uma profusão de mentiras, ódio, crueldade e ignorância, e além de nossas agruras atuais avultam outras ainda maiores que só agora estão entrando na consciência europeia. É bem possível que os principais problemas do homem *nunca* sejam resolvidos. Mas isso também é impensável! Quem ousaria olhar o mundo de hoje e dizer a si mesmo: "Será sempre assim: mesmo em um milhão de anos não poderá ser visivelmente melhor"? E desse modo chega-se à crença quase mística de que por enquanto não há remédio, toda ação política será inútil, mas em algum lugar no espaço e no tempo a vida humana deixará de ser essa miserável coisa bestial que é agora.

A única saída fácil é a do crente religioso, que considera esta vida uma mera preparação para a próxima. Mas hoje em dia poucas pessoas capazes de reflexões acreditam numa vida após a morte, e o número delas deve estar se reduzindo. É provável que as igrejas cristãs não sobrevivessem por mérito próprio se suas bases econômicas fossem destruídas. O verdadeiro problema é como restaurar uma postura religiosa quando se aceita a morte como definitiva. Pessoas só podem ser felizes quando não pressupõem que o objetivo da vida é a felicidade. É bastante improvável, contudo, que Koestler aceitasse isso. Há uma inclinação hedonista muito marcante em seus escritos, e seu fracasso em adotar uma posição política após romper com o stalinismo é resultado disso.

A Revolução Russa, evento central na vida de Koestler, começou com grandes esperanças. Hoje nos esquecemos disso, mas um quarto de século atrás esperava-se confiantemente que a Revolução Russa levaria à utopia. É óbvio que não aconteceu. Koestler tem uma visão aguçada demais para não enxergar isso, e sensível demais para não lembrar o objetivo original. Além do mais, de seu ângulo europeu ele é capaz de ver coisas como expurgos e deportações em massa tais como elas são; ele não está, como Shaw ou Laskin, olhando para elas do lado errado do telescópio. Portanto, deduz: e a isso levam as revoluções. Daí não resta outra escolha exceto ser "pessimista a curto prazo", i.e., ficar fora da política, criar uma espécie de oásis no qual você e seus amigos possam manter a sanidade, e esperar que de algum modo as coisas sejam melhores dentro de cem anos. Como base para isso está seu hedonismo, que o leva a pensar no Paraíso Terrestre como algo desejável. Talvez, no entanto, desejável ou não, ele não seja possível. Talvez algum grau de sofrimento seja inerradicável da vida humana, talvez a escolha diante do homem seja sempre uma escolha entre males, talvez até mesmo o objetivo do socialismo não seja tornar o mundo perfeito, mas fazê-lo melhor. Todas as revoluções são fracassos, mas não são todas o mesmo fracasso. É sua pouca disposição para admitir isso que leva os pensamentos de Koestler temporariamente a um beco sem saída e faz com que *Cruzada sem cruz* pareça superficial em comparação a seus livros anteriores.

> Escrito em [setembro] 1944; *Critical Essays*; *Dickens, Dali and Others*; *Focus 2* 1946; *Collected Essays*

*

Raffles e miss Blandish

Aproximadamente um século depois de seu surgimento, Raffles, "o ladrão amador",* ainda é um dos mais conhecidos personagens da ficção inglesa. Seria necessário explicar a muito poucas pessoas que ele jogava críquete pela seleção inglesa, tinha aposentos de solteiro em Albany e assaltava casas em Mayfair, as quais também frequentava como convidado. Exatamente por esse motivo ele e suas aventuras constituem um pano de fundo adequado para, em comparação com ele, se examinar uma história de crime mais moderna, como *No Orchids for Miss Blandish* [Não enviem orquídeas para miss Blandish]. Toda escolha desse tipo será necessariamente arbitrária — eu poderia da mesma forma ter escolhido *Arsène Lupin*, por exemplo —, mas, seja como for, *No Orchids* e os livros de Raffles** têm a qualidade comum de serem histórias de

---

* *The Amateur Cracksman* é título de um dos livros sobre Arthur J. Raffles. As aventuras do Raffles foram traduzidas no Brasil. Chamavam-no de "Ladrão Grã-fino" ou, com mais frequência, de "Ladrão de Black-tie". (N. O.)
** *Raffles, A Thief in the Night* e *Mr. Justice Raffles*, de E. W. Hornung. O terceiro deles é definitivamente um fracasso, e só o primeiro apresenta a verdadeira atmosfera de Raffles. Hornung escreveu algumas histórias de crime, usualmente com uma tendên-

crime em que o palco é mais dos criminosos do que dos policiais. Eles podem ser comparados para fins sociológicos. No *Orchids* é a versão de 1939 do crime glamorizado. *Raffles*, a versão de 1900. O que preocupa aqui é a enorme diferença na atmosfera moral vigente nos dois livros, e a mudança na atitude social que isso provavelmente implica.

Hoje, o charme de *Raffles* reside em parte na atmosfera da época e em parte na excelência técnica das histórias. Hornung foi um escritor muito consciencioso e, em seu nível, muito capaz. Qualquer um que valorize a pura eficiência tem de admirar sua obra. No entanto, o que há de verdadeiramente dramático quanto a Raffles, o que o torna uma espécie de exemplo mesmo em nosso tempo (há apenas algumas semanas, num caso de assalto, o juiz referiu-se ao prisioneiro como "um Raffles da vida real"), é o fato de que ele é um *cavalheiro*. Raffles nos é apresentado — e isso é sugerido em inúmeros fragmentos de diálogo e observações casuais — não como um homem honesto que se extraviou, mas como um homem de *public school** que se extraviou. Seu remorso, quando ele sente algum, é quase puramente social; ele desgraçou a "velha escola", perdeu o direito de ingressar na "sociedade decente", perdeu o status de amador e se tornou um cafajeste. Nem Raffles nem Bunny parecem de todo sentir intensamente que o ato de roubar é errado em si mesmo, embora Raffles uma vez se justifique com a observação casual de que "a distribuição de propriedade está toda errada de qualquer maneira". Eles pensam em si mesmos não como pecadores, mas como renegados, ou apenas párias. E o código moral da maioria de nós ainda é tão parecido com o do próprio

---

cia a ficar do lado do criminoso. Um livro de sucesso no mesmo estilo dos de Raffles é *Stingaree*. (N. A.)

* Na Inglaterra e no País de Gales, o termo se referia à antiga escola de ensino médio, seletiva e dispendiosa. (N. T.)

Raffles a ponto de acharmos que a situação dele é especialmente irônica. Um frequentador de clubes do West End que também é um assaltante! Isso é quase uma história em si mesma, não é? Mas se fosse um encanador ou um quitandeiro que na realidade fosse uma assaltante? Haveria algo de inerentemente dramático nisso? Não — conquanto o tema da "vida dupla", da respeitabilidade encobrindo o crime, ainda esteja aí presente. Até mesmo Charles Peace,* com seu colarinho branco de clérigo, parece ser um tanto menos hipócrita do que Raffles em seu blazer do I Zingari.**

Raffles, é claro, é bom em todos os jogos, mas é peculiarmente adequado que o jogo que ele escolheu seja o críquete. Isso não só permite intermináveis analogias entre sua astúcia como arremessador lento e sua astúcia como assaltante, mas também ajuda a definir a natureza exata de seu crime. O críquete na verdade não é um jogo muito popular na Inglaterra — nem de longe tem a popularidade do futebol, por exemplo —, mas dá expressão a um traço marcante do caráter inglês, a tendência a valorizar a "forma" ou o "estilo" mais do que o sucesso. Aos olhos de qualquer verdadeiro amante do críquete, é possível considerar um *inning* [entrada, ou turno] de dez *runs* [corridas] como "melhor" (i.e., mais elegante) do que um *inning* de cem *runs*; o críquete é também um dos poucos jogos nos quais um amador pode ser melhor do que um profissional. É um jogo cheio de esperanças vãs e súbitas e dramáticas reviravoltas da sorte, e suas regras são tão mal definidas que sua interpretação é em parte uma questão de ética. Por exemplo, quando Larwood fez na Austrália um arremesso *body-line**** ele não estava infringindo nenhuma regra: estava apenas fazendo algo que era

---

* Famoso assaltante e assassino inglês no século xix. (N. T.)
** Clube de críquete amador. (N. T.)
*** Arremesso traiçoeiro na direção da perna do rebatedor mais próxima à meta, para provocar desvio no rebatimento. (N. T.)

"não críquete". Como um jogo de críquete demora muito e é bem caro de se jogar, é predominantemente uma atividade voltada à classe alta, mas para a nação inteira ele está associado a conceitos como "boa forma", "jogar o jogo" etc., e sua popularidade declinou junto com a da tradição de que "não se bate num homem quando ele estiver por baixo". Não é um jogo do século xx, e quase todas as pessoas com mentalidade moderna não o apreciam. Os nazistas, por exemplo, tiveram de se esforçar para desestimular a prática do críquete, que ganhou algum terreno na Alemanha antes e depois da última guerra. Ao fazer de Raffles um jogador de críquete assim como um assaltante, Hornung não estava apenas o provendo de um plausível disfarce, estava também concebendo o mais agudo contraste moral que podia imaginar.

Raffles, não menos que *Grandes esperanças* ou *O vermelho e o negro*, é uma história do esnobismo, e se beneficia muito da precariedade da posição social de Raffles. Um escritor mais rudimentar teria feito do "assaltante cavalheiro" um membro do pariato, ou ao menos um baronete. Raffles, no entanto, tem sua origem na classe média alta e só é aceito pela aristocracia devido a seu charme pessoal. "Estávamos *na*, mas não éramos *da* sociedade", ele diz a Bunny já no final do livro; e "Perguntavam-me sobre meu críquete". Tanto ele como Bunny aceitam os valores da "sociedade" sem questionamentos, e se instalariam nela para sempre se apenas pudessem se safar com um butim grande o bastante. A ruína que os ameaça todo o tempo é ainda mais negra porque eles duvidam de que realmente "pertençam" à sociedade. Um duque que cumpriu sentença na prisão continua a ser um duque, enquanto um simples homem da sociedade, uma vez em desgraça, deixa de ser "da sociedade" para sempre. Os capítulos que encerram o livro, quando Raffles foi exposto e vive sob um nome fictício, têm um ar de "crepúsculo dos deuses", uma atmosfera mental muito semelhante à do poema de Kipling "Gentleman Rankers":*

Yes, a trooper of the forces...
Who has run his own six horses! etc.**

Raffles pertence agora, irrevogavelmente, às "coortes dos malditos". Ele pode ainda realizar assaltos bem-sucedidos, mas não há caminho de volta ao paraíso, e isso quer dizer Piccadilly e o MCC.*** De acordo com o código da *public school* só existe um meio de se reabilitar: morte em combate. Raffles morre lutando contra os bôeres (um leitor experimentado poderia prever isso desde o início), e tanto para Bunny quanto para seu criador isso anula os seus crimes.

Raffles e Bunny, é claro, são destituídos de crenças religiosas, e não têm código ético algum, apenas certas regras de comportamento que observam de maneira meio instintiva. Mas é exatamente aqui que a profunda diferença moral entre *Raffles* e *No Orchids* torna-se aparente. Raffles e Bunny, afinal de contas, são cavalheiros, e esses padrões por eles mantidos não devem ser violados. Há certas coisas que "não se fazem", e a ideia de fazê-las dificilmente lhes ocorre. Por exemplo, Raffles nunca vai abusar da hospitalidade. Ele poderá realizar um assalto à casa em que está como hóspede, mas a vítima será um hóspede como ele, e não o anfitrião. Não comete assassinato,**** evita a violência sempre que

---

* Algo como "Cavalheiro dos soldados rasos". (N. T.)
** Em tradução literal: "Sim, um cavaleiro das forças.../ Que fez correr seus próprios seis cavalos! etc.". (N. T.)
*** Marylebone Cricket Club. (N. E.)
**** Na verdade Raffles mata um homem, e é responsável, mais ou menos conscientemente, pela morte de outros dois. Mas todos os três são estrangeiros e se comportaram de modo muito repreensível. Em certa ocasião ele também considera o

possível e realiza seus roubos desarmado. Considera a amizade sagrada e é cavalheiresco, conquanto não moral, em suas relações com as mulheres. Assumirá riscos adicionais em nome do "espírito esportivo", e às vezes até mesmo por razões estéticas. E, acima de tudo, é veementemente um patriota. Ele comemora o Jubileu de Diamante* ("Por sessenta anos, Bunny, estamos sendo governados, absolutamente, pela melhor soberana que o mundo jamais viu") enviando para a rainha, pelo correio, uma antiga taça de ouro que tinha sido roubada do Museu Britânico. Ele rouba, em parte por motivos políticos, uma pérola que o imperador alemão está mandando a um dos inimigos da Grã-Bretanha, e quando a Guerra dos Bôeres começa a desandar seu único pensamento é conseguir chegar à linha de combate. Na frente, ele desmascara um espião ao preço de revelar a própria identidade e depois morre gloriosamente atingido por uma bala bôer. Nessa combinação de crime e patriotismo, ele se parece com seu quase contemporâneo Arsène Lupin, que também leva a melhor sobre o imperador alemão e apaga seu passado sujo alistando-se na Legião Estrangeira.

É importante observar que pelos padrões modernos os crimes de Raffles são bem pequenos. Joias no valor de quatrocentas libras lhe parecem um excelente roubo. E embora as histórias sejam convincentes em seus detalhes físicos, elas encerram muito pouco sensacionalismo — pouquíssimos cadáveres, quase nenhum sangue, nenhum crime sexual, nem sadismo, nem perversões de nenhum tipo. O que parece ter acontecido é que as histórias de crime, pelo menos as de nível mais elevado, tornaram-se bem mais sedentas de sangue nos últimos vinte anos. Algumas das primeiras histórias policiais nem mesmo contêm um assassinato. As

---

assassinato de um chantagista. No entanto, nas histórias de crime, há uma convenção muito bem estabelecida de que assassinar um chantagista "não conta" [1945]. (N. A.)
* Sessenta anos de reinado da rainha Vitória. (N. T.)

histórias de Sherlock Holmes, por exemplo, não são todas sobre assassinatos, e algumas delas nem mesmo tratam de um crime pelo qual se possa indiciar alguém. O mesmo se dá quanto às histórias de John Thorndyke, enquanto nas de Max Carrados só uma minoria é sobre assassinatos. A partir de 1918, no entanto, uma história policial que não contenha um assassinato é uma grande raridade, e comumente são explorados os mais repugnantes detalhes de desmembramento e exumação. Algumas das histórias de Peter Wimsey, por exemplo, demonstram um interesse extremamente mórbido por cadáveres. As histórias de Raffles, escritas da perspectiva do criminoso, são menos antissociais do que muitas histórias modernas escritas do ponto de vista do detetive. A principal impressão que elas deixam atrás de si é de puerilidade. Pertencem a uma época na qual as pessoas tinham padrões, conquanto aconteça de serem padrões tolos. A expressão-chave para eles é "isso não se faz". A linha divisória que traçam entre o bem e o mal é tão sem sentido quanto um tabu polinésio, mas ao menos, assim como o tabu, tem a vantagem de que todos a aceitam.

Isso quanto a Raffles. Agora, vamos a um mergulho no esgoto. *No Orchids for Miss Blandish*, de James Hadley Chase, foi publicado em 1939, mas parece ter alcançado sua maior popularidade em 1940, durante a batalha da Grã-Bretanha e a blitz. Em linhas gerais a história é a seguinte:

Miss Blandish, a filha de um milionário, é raptada por alguns gângsteres que são quase imediatamente surpreendidos e mortos por uma gangue maior e mais bem organizada. Eles a mantêm como refém e arrancam meio milhão de dólares de seu pai. O plano original tinha sido matá-la assim que se recebesse o dinheiro do resgate, mas um lance de sorte a mantém viva. Um dos membros da gangue é um jovem chamado Slim, cujo único prazer na vida consiste em enfiar facas na barriga dos outros. Na infância ele se especializara em lacerar animais vivos com um par de tesouras enferrujadas. Slim é sexualmente impotente, mas vive uma espécie de fantasia com miss Blandish. A mãe de Slim, que é o verdadeiro cérebro da gangue, vê aí a oportunidade de curar a impotência de Slim, e decide manter miss Blandish em custódia até que Slim consiga estuprá-la. Após muitos esforços e muita persuasão, inclusive o açoitamento de miss Blandish com um pedaço de tubo de borracha, consegue-se o estupro. Enquanto isso, o pai de miss Blandish contratou um detetive particular, e mediante subornos e tortura o detetive e a polícia conseguem localizar e exterminar toda a gangue. Slim foge com miss Blandish e é morto após um último estupro, e o detetive se prepara para devolver miss Blandish à sua família. A essa altura, no entanto, ela desenvolveu um tal gosto pelas carícias de Slim* que se sente incapaz de viver sem ele, e salta pela janela de um arranha-céu.

Alguns outros pontos devem ser observados antes de se captarem todas as implicações desse livro. Para começar, a trama central apresenta uma marcante semelhança com o romance de William Faulkner *Santuário*. Segundo, não se trata, como poderia parecer, do produto de um amador iletrado, mas de um brilhante exemplar de escrita, sem quase nenhuma palavra desnecessária ou uma observação dissonante onde quer que seja. Terceiro, o livro inteiro, tanto o récit quanto o diálogo, é escrito em linguagem americana; o autor, um inglês que (assim creio) nunca esteve nos Estados Unidos, parece ter feito uma transferência mental total para o submundo americano. Quarto, o livro vendeu, segundo seus editores, não menos do que meio milhão de exemplares.

Já delineei o enredo, mas o tema abordado é muito mais sórdido e brutal do que o enredo sugere. O livro contém oito assassina-

---

* Pode haver uma segunda leitura do episódio final. Talvez signifique apenas que miss Blandish está grávida. Mas a interpretação que apresentei acima parece se enquadrar melhor na brutalidade geral do livro. [1945] (N. A.)

tos totalmente configurados, um número não acessível de mortes e ferimentos casuais, uma exumação (com cuidadosa menção do fedor), o açoitamento de miss Blandish, a tortura de outra mulher com pontas de cigarro acesas, um striptease, uma cena de terceira categoria de uma crueldade inaudita e muito mais coisas do gênero. Ele pressupõe uma grande sofisticação sexual por parte de seus leitores (há uma cena, por exemplo, na qual um gângster, presumivelmente de tendências masoquistas, tem um orgasmo no momento em que é esfaqueado), e assume a mais completa corrupção e o mais completo egoísmo como normas do comportamento humano. O detetive, por exemplo, é quase tão canalha quanto os gângsteres, e age quase que pelos mesmos motivos. Como eles, está atrás das "500 mil pratas". Para que a história funcione, é preciso que o sr. Blandish esteja ansioso para ter sua filha de volta, mas, fora isso, coisas tais como afeição, amizade, boa índole ou mesmo mera gentileza simplesmente não entram na história. Nem entra, em nenhuma grande medida, a sexualidade normal. No fim das contas, só um motivo atua ao longo de toda a história: a busca do poder.

Deve-se observar que a obra não se encaixa no sentido comum da pornografia. Diferentemente da maioria dos livros que abordam o sadismo sexual, No Orchids põe sua ênfase na crueldade, e não no prazer. Slim, o estuprador e cativador de miss Blandish, tem "lábios molhados e salivosos": isso é repugnante, e sua intenção é causar repugnância. Mas as cenas que descrevem crueldade em relação a mulheres são comparativamente perfunctórias. Os reais pontos culminantes do livro são as crueldades cometidas por homens a outros homens: acima de tudo, a terceira graduação* do gângster Eddie Schultz, que é amarrado a uma cadeira, espancado

---

* No original, "third-degreeing", que nos anos 1930 era um eufemismo para tortura policial. (N. O.)

na traqueia com cassetetes e tem os braços quebrados pelas pancadas quando se liberta. Em outro dos livros do sr. Chase, *He Won't Need It Now* [Ele não vai precisar agora], o herói, que se tenciona ser um personagem simpático e talvez até mesmo nobre, é descrito numa cena pisando no rosto de outrem, e depois esmagando sua boca, pisoteando-a seguidamente com o salto do sapato. Mesmo quando não estão ocorrendo incidentes de natureza física desse tipo, a atmosfera mental de tais livros é sempre a mesma. Tudo que constitui seu tema é a luta pelo poder e o triunfo do forte sobre o fraco. Os grandes gângsteres acabam com os pequenos tão impiedosamente quanto um lúcio engolindo peixinhos numa lagoa; a polícia mata os criminosos de modo tão cruel quanto um peixe-diabo ao matar um lúcio. Se no fim alguém se alia à polícia contra os gângsteres é simplesmente porque ela é mais organizada e mais poderosa, porque, de fato, a lei é um ramo mais amplo que o crime. O poder tem razão: *vae victis*.

Como já mencionei, *No Orchids* teve seu ponto alto em 1940, ainda que continuasse a ter sucesso como peça por mais algum tempo. Foi, de fato, uma das coisas que ajudaram a consolar as pessoas pelo tédio de estarem sendo bombardeadas. No início da guerra, na *New Yorker*, uma figura mostrava um homenzinho junto a uma banca de jornais abarrotada de publicações com manchetes do tipo "Grandes batalhas de tanques no norte da França", "Grande batalha naval no mar do Norte", "Gigantescos combates aéreos sobre o canal" etc. etc. O homenzinho está dizendo: "*Histórias de ação*, por favor". O homenzinho representava todos os milhões de drogados para os quais o mundo dos gângsteres e dos ringues de luta é mais "real", mais "duro" do que coisas tais como guerras, revoluções, terremotos, surtos de fome e de peste. Do ponto de vista de um leitor de *Histórias de ação*, uma descrição dos bombardeios de Londres, ou a luta dos movimentos subterrâneos europeus, seria "coisa de mariquinhas". Por outro lado, alguns meros tiroteios em Chicago, que resultam em talvez meia dúzia de mortos, pareceriam genuinamente "duros". Esse hábito mental está hoje disseminado ao extremo. Um soldado se arrasta numa trincheira enlameada, balas de metralhadora passando meio metro se tanto acima de sua cabeça, e espanta seu intolerável tédio lendo uma história de gângsteres americanos. E o que faz essa história ser tão excitante? Exatamente o fato de pessoas estarem atirando umas nas outras com metralhadoras! Nem o soldado nem ninguém mais vê nada de curioso nisso. Tem-se como certo que uma bala imaginária é mais emocionante do que uma bala real.

A explicação óbvia é que na vida real usualmente se é uma vítima passiva, enquanto nas histórias de aventuras cada um pode se imaginar como o centro dos acontecimentos. Mas há mais do que isso. Aqui é preciso se referir outra vez ao curioso fato de *No Orchids* ter sido escrito — com erros técnicos, talvez, mas com considerável talento — na linguagem americana.

Existe na América uma imensa literatura mais ou menos da mesma espécie de *No Orchids*. Bem além dos livros, há uma enorme coleção de revistas "pulp", em gradações destinadas a satisfazer diferentes tipos de fantasia, mas praticamente todas tendo quase a mesma atmosfera mental. Algumas delas chegam a ser pornografia explícita, mas a grande maioria é bem claramente dirigida a sadistas e masoquistas. Vendidas a três *pence* por exemplar sob o título *Yank Mags*,* essas coisas costumavam gozar de considerável popularidade na Inglaterra, mas, quando o suprimento secou devido à guerra, nenhum substituto satisfatório se apresentou. Hoje existem imitações inglesas das revistas "pulp", mas são medíocres em comparação com o original. Os filmes de bandidagem ingleses,

---

* Elas teriam sido trazidas para o país como lastro, o que se explicava por seu baixo preço e sua aparência amarrotada. Desde o início da guerra, os navios passaram a ser lastreados com algo mais útil, provavelmente cascalho. (N. A.)

mais uma vez, nunca chegaram perto, em termos de brutalidade, dos filmes de bandidagem americanos. Ainda assim a carreira do sr. Chase demonstra a que profundidade já chegou a influência americana. Não só que ele mesmo vive uma contínua vida de fantasia no submundo de Chicago, como ainda conta com centenas de milhares de leitores que sabem o que se quer dizer com "*clip-shot*" [clipe, tomada] ou "*hotsquat*" [cadeira elétrica], não têm de fazer aritmética mental quando confrontados com "*fifty grand*" [50 mil pratas] e entendem num relance uma frase como "*Johnnie was a rummy and only two jumps ahead of the nut-factory*" [Johnnie era um beberrão insano]. Sem dúvida, há um grande número de ingleses que estão parcialmente americanizados na linguagem e, é preciso acrescentar, no aspecto moral. Por isso não houve um protesto popular contra No Orchids. No fim ele foi retirado de circulação, mas só retroativamente, quando um livro posterior, Miss Calaghan Comes to Grief [A sra. Calaghan fracassa], chamou a atenção das autoridades para os livros do sr. Chase. A julgar por conversas casuais na época, o leitor comum ficou um pouco excitado com as obscenidades de No Orchids, mas não viu nada de indesejável no livro como um todo. Aliás, muita gente teve a impressão de que era um livro americano republicado na Inglaterra.

Aquilo a que o leitor comum *deveria* ter objetado — e ao que, quase com certeza, teria objetado algumas décadas antes — foi a atitude ambígua em relação ao crime. Fica implícito ao longo de No Orchids que ser um criminoso só é repreensível no sentido de que isso não compensa. Ser policial remunera melhor, mas não há diferença moral, já que os métodos da polícia são essencialmente criminosos. Num livro como He Won't Need It Now, a distinção entre o crime e a prevenção ao crime quase desaparece. É um novo ponto de partida para a ficção sensacionalista inglesa, na qual até pouco tempo atrás sempre houve uma distinção entre o certo e o errado e uma aceitação geral de que a virtude deve triunfar no último capítulo. Livros ingleses que glorificam o crime (isto é, o crime moderno — piratas e salteadores são diferentes) são muito raros. Mesmo uma obra como *Raffles*, conforme assinalei, é dominada por poderosos tabus, e se entende claramente que os crimes de Raffles terão de ser expiados mais cedo ou mais tarde. Na América, na vida como na ficção, a tendência de tolerar o crime, até mesmo admirar o criminoso enquanto ele for bem-sucedido, é muito mais marcante. É, afinal, essa atitude que tornou possível que o crime florescesse em tão grande escala. Têm sido escritos livros sobre Al Capone que mal diferem em seu tom dos livros escritos sobre Henry Ford, Stálin, lorde Northcliffe e todo o resto da brigada "da cabana de troncos para a Casa Branca".* E voltando atrás oitenta anos, vamos encontrar Mark Twain adotando muito dessa atitude em relação ao abjeto bandido Slade, herói de 28 assassinatos, e em relação aos malfeitores do Oeste em geral. Eles tinham sucesso, eles "faziam bem-feito", portanto ele os admirava.

Num livro como *No Orchids* não se está, como nas histórias de crime de estilo antigo, apenas fugindo da insossa realidade para um imaginário mundo de ação. Está-se escapando essencialmente para a crueldade e para a perversão sexual. *No Orchids* visa ao instinto do poder, o que não faz *Raffles* ou as histórias de Sherlock Holmes. Ao mesmo tempo, a postura inglesa quanto ao crime não é superior à dos americanos, como pode parecer que eu tenha insinuado. Ela também se mistura com o culto ao poder, e isso tornou-se mais perceptível nos últimos vinte anos. Um escritor que vale a pena examinar é Edgar Wallace, especialmente em livros tão típicos como *O orador*, e as histórias do sr. J. G. Reeder. Wallace foi um dos primeiros escritores policiais a romper com a velha tradição do detetive particular e ter como figura central um investigador da

---

* Referência ao livro sobre a carreira de Lincoln *From Log Cabin to White House*, de Sterling North. (N. T.)

Scotland Yard. Sherlock Holmes é um amador, que resolve seus casos sem ajuda e até mesmo, nas primeiras histórias, enfrentando a oposição da polícia. Além disso, como Lupin, ele é essencialmente um intelectual, até mesmo um cientista. Ele raciocina de maneira lógica a partir de fatos observados, e essa intelectualidade é contrastada todo o tempo com os métodos rotineiros da polícia. Wallace opôs-se fortemente a essa desfeita, assim ele considerava, à Scotland Yard, e em vários artigos de jornal ele desviou-se de seu rumo para denunciar nominalmente Holmes. Seu próprio ideal era o do inspetor detetive que captura criminosos não porque seja intelectualmente brilhante, mas porque é parte de uma organização todo-poderosa. Daí advém o fato curioso de que nas histórias mais características de Wallace a "pista" e a "dedução" não têm espaço. O criminoso sempre é derrotado por uma incrível coincidência, ou porque de algum modo inexplicável a polícia sabe tudo sobre o crime antecipadamente. O tom das histórias deixa bem claro que a admiração de Wallace pela polícia é puro culto ao valentão. Um detetive da Scotland Yard é o mais poderoso tipo de ser que se possa imaginar, enquanto o criminoso figura em sua mente como um fora da lei contra quem tudo é permitido, como o era contra os escravos condenados na arena romana. Seus policiais comportam-se com muito mais brutalidade do que os policiais na vida real — eles batem nas pessoas sem terem sido provocados, atiram com seus revólveres rente à sua orelha para aterrorizá-las —, e algumas de suas histórias exibem um temível sadismo. (Por exemplo, Wallace gosta de arranjar as coisas de modo que o vilão seja enforcado no mesmo dia em que a heroína se casa.) Mas é um sadismo à moda inglesa: vale dizer, é inconsciente, não há, abertamente, nenhum sexo, e mantém-se nos limites da lei. O público britânico tolera uma lei criminal rigorosa e se diverte com julgamentos de assassinato terrivelmente injustos: mas isso ainda é melhor, de qualquer maneira, do que tolerar ou admirar o crime. Se é para cultuar um valentão, é melhor ele ser um policial do que um gângster. Wallace em certa medida ainda é governado pelo conceito do "não se faz"; em No Orchids tudo "se faz" conquanto que conduza ao poder. Chase é um sintoma pior do que Wallace, no sentido de que uma luta de vale-tudo é pior do que o boxe, ou o fascismo é pior do que a democracia capitalista.

Ao pegar emprestado de *Santuário*, de William Faulkner, Chase toma apenas o enredo. A atmosfera mental dos dois livros não é semelhante. A de Chase na realidade provém de outras fontes, e esse pequeno detalhe do empréstimo é apenas simbólico. O que ele simboliza é a vulgarização de ideias que está acontecendo o tempo todo, e que provavelmente acontece mais depressa na era da imprensa. Chase tem sido descrito como "Faulkner para as massas", mas seria mais preciso descrevê-lo como Carlyle para as massas. Ele é um escritor popular — há muitos assim na América, mas ainda são raridades na Inglaterra — que foi apanhado pelo que agora está na moda chamar de "realismo", que é a doutrina de que o poder tem razão. O crescimento do "realismo" tem sido a grande característica da história intelectual de nossa própria era. Por que teria de ser assim, essa é uma questão complicada. A interconexão entre sadismo, masoquismo, culto ao sucesso, culto ao poder, nacionalismo e totalitarismo é um assunto imenso cujas beiradas mal foram arranhadas, e até mesmo mencioná-lo é considerado um tanto indelicado. Para tomar apenas o primeiro exemplo que vem à mente, creio que ninguém jamais assinalou o componente sadista na obra de Bernard Shaw, e menos ainda sugeriu que isso provavelmente tem alguma conexão com a admiração que Shaw sentia pelos ditadores. O fascismo com frequência é equiparado de maneira vaga ao sadismo, mas quase sempre por pessoas que não veem nada de errado no mais servil culto a Stálin. A verdade, é claro, é que os inúmeros intelectuais ingleses que beijam o traseiro de Stálin não diferem da minoria que é fiel a Hitler ou Mussolini, nem dos especialistas da eficiência que pregavam "impacto", "ímpeto", "personalidade", e "aprenda a ser um tigre" nos séculos xix e xx, nem da geração mais velha de intelectuais, Carlyle, Crassy e os demais, que reverenciaram o militarismo alemão. Todos eles estão cultuando o poder e a crueldade bem-sucedida. É importante observar que o culto ao poder tende a se confundir com o amor à crueldade e à iniquidade *por si mesmas*. Um tirano é ainda mais admirado se for também um velhaco com as mãos sujas de sangue, e "o fim justifica os meios" muitas vezes acaba sendo efetivamente "os meios se justificam a si mesmos contanto que sejam sujos o bastante". Essa ideia caracteriza o aspecto que apresentam todos os simpatizantes do totalitarismo, e explica, por exemplo, o prazer com que muitos intelectuais ingleses saudaram o pacto nazista-soviético. Foi uma medida só duvidosamente útil à urss, mas foi totalmente imoral, e por essa razão é imoral admirá-la; as explicações para isso, que foram numerosas e contraditórias, deveriam ter vindo depois.

Até pouco tempo atrás, as histórias de aventuras dos povos anglófonos eram histórias nas quais o herói luta *contra todas as probabilidades*. Isso vale para todas desde Robin Hood até o marinheiro Popeye. Talvez o mito básico do mundo ocidental seja o de Jack, o matador de gigantes, mas ao se atualizá-lo deveria ser renomeado para Jack, o matador de anões, e já existe uma considerável literatura que ensina, quer abertamente, quer de forma implícita, que se deve ficar ao lado do homem grande contra o pequeno. A maior parte do que hoje se escreve sobre política exterior é simplesmente um murmúrio desse tema, e durante várias décadas expressões como "jogar o jogo", "não bater num homem quando ele estiver por baixo", "isso não é críquete" nunca deixaram de provocar um riso contido em quem quer que tivesse pretensões intelectuais. O que é relativamente novo é achar um padrão aceito segundo o qual (a) o que é certo é certo e o que é errado é errado, seja qual for o vencedor, e (b) a fraqueza tem de ser respeitada, mesmo desaparecendo da literatura popular. Quando li os romances de D.H. Lawrence pela primeira vez, com cerca de vinte anos de idade, fiquei intrigado com o fato de que parecia não haver nenhuma classificação dos personagens como "bons" e "maus". Parecia que Lawrence simpatizava com todos igualmente, e isso era tão incomum que me passou um sentimento de desorientação. Hoje em dia ninguém pensaria em procurar heróis e vilões num romance sério, mas na ficção menos culta ainda se espera encontrar uma marcante distinção entre o certo e o errado e entre legalidade e ilegalidade. As pessoas comuns, como um todo, ainda vivem num mundo de bem e mal absolutos do qual os intelectuais já escaparam há muito tempo. Mas a popularidade de No Orchids e dos livros e revistas americanos aos quais esse livro se assemelha mostra quão rapidamente a doutrina do "realismo" está ganhando terreno.

Muitas pessoas, após lerem No Orchids, comentaram comigo: "Isso é fascismo puro". É uma descrição correta, conquanto o livro não tenha a menor conexão com política e muito pouca com problemas sociais ou econômicos. Tem com o fascismo meramente a mesma relação que, digamos, os romances de Trollope têm com o capitalismo do século xix. É um sonho diurno, próprio de uma época de totalitarismo. Em seu mundo imaginário de gângsteres, Chase apresenta, por assim dizer, uma versão destilada do cenário político moderno, no qual coisas como o bombardeio em massa de civis, a manutenção de reféns, o uso de tortura para se obter confissões, prisões secretas, execuções sem julgamento, açoitamentos com cassetetes de borracha, afogamentos em fossas, falsificação sistemática de registros e estatísticas, traição, suborno e colaboracionismo são normais e moralmente neutros, até mesmo admiráveis quando cometidos de modo amplo e atrevido. O homem mediano não está diretamente interessado em política, e quando lê quer que os atuais embates no mundo sejam traduzidos numa história simples sobre indivíduos. Ele pode sentir algum interesse por Slim e por Fenner, assim como não sentir nenhum pela GPU e pela Gestapo. As pessoas cultuam o poder expresso na forma em que são capazes de compreendê-lo. Um menino de doze anos cultua Jack Dempsey. Um adolescente numa favela em Glasgow cultua Al Capone. Um estudante ambicioso numa faculdade de administração e negócios cultua lorde Nuffield. Um leitor da *New Statesman* cultua Stálin. Há diferenças quanto à maturidade intelectual, mas nenhuma quanto ao aspecto moral. Trinta anos atrás os heróis da ficção popular nada tinham em comum com os gângsteres e detetives do sr. Chase, e os ídolos da *intelligentsia* liberal inglesa também eram figuras relativamente simpáticas. Entre Holmes e Fenner por um lado, e entre Abraham Lincoln e Stálin por outro, os abismos são similares.

O sucesso dos livros do sr. Chase não deve nos fazer inferir muita coisa. É possível que seja um fenômeno isolado, provocado pela combinação do tédio com a brutalidade da guerra. Mas, se esses livros se aclimatassem definitivamente na Inglaterra em vez de serem uma mera importação da América que só foi compreendida pela metade, haveria um bom motivo para consternação. Ao escolher *Raffles* como pano de fundo para uma comparação com *No Orchids*, deliberadamente escolhi um livro que pelos padrões de sua época era ambíguo em termos morais. Raffles, como assinalei, não tinha nenhum código moral real, nenhuma religião, decerto nenhuma consciência social. Tudo que tinha era um repertório de reflexos — um sistema nervoso, por assim dizer, de um cavalheiro. Dê-lhe uma pancadinha neste ou naquele ponto sensível de reflexo (eles são chamados de "esporte", "camarada", "mulher", "rei e país" e assim por diante) e você terá uma reação previsível. Nos livros do sr. Chase não existem cavalheiros nem tabus. A emancipação é completa. Freud e Maquiavel chegaram aos subúrbios da periferia. Comparando a atmosfera escolar de um livro com a crueldade e corrupção do outro, somos movidos a achar que o esnobismo, como a hipocrisia, é um critério de avaliação de comportamento cujo valor, de um ponto de vista social, tem sido subestimado.

Horizon, outubro de 1944; *Politics*, novembro de 1944;
Critical Essays; *Dickens, Dali and Others*; *Collected Essays*

*

Sobre panfletos —
(trecho selecionado da coluna *As I Please*)

Durante anos no passado fui um laborioso colecionador de panfletos, e um leitor razoavelmente constante de literatura política de todos os tipos. O que me impressiona cada vez mais — e impressiona muitas outras pessoas também — é a extraordinária depravação e desonestidade da controvérsia política em nossa época. Não estou meramente afirmando que controvérsias são acrimoniosas. Elas têm de ser quando tratam de assuntos sérios. Estou dizendo que quase ninguém parece achar que um oponente merece ser ouvido com atenção, ou que a verdade objetiva importa tanto quanto você ser capaz de marcar ponto num debate. Quando olho para minha coleção de panfletos — conservadores, comunistas, católicos, trotskistas, pacifistas, anarquistas ou sabe-se lá o que mais —, a mim parece que quase todos têm a mesma atmosfera mental, embora os pontos de ênfase variem. Ninguém está em busca da verdade, todos estão apresentando um "caso" com total desconsideração à imparcialidade ou à exatidão, e os fatos mais evidentemente óbvios podem ser ignorados por quem não os quer ver. Em quase todos eles podem-se encontrar os mesmos truques de propaganda. Seria necessário preencher muitas páginas deste papel apenas para classificá-los, mas chamo aqui a atenção para um hábito muito disseminado e controverso — o de desconsiderar os motivos do oponente. A palavra-chave aqui é "objetivamente".

Dizem que o que interessa são apenas as ações objetivas das pessoas, seus sentimentos subjetivos não têm importância. Assim, os pacifistas, ao obstruir os esforços de guerra, estão "objetivamente" ajudando os nazistas; e, portanto, o fato de que possam ser pessoalmente hostis ao fascismo é irrelevante. Tenho sido culpado por dizer isso a mim mesmo mais de uma vez. O mesmo argumento aplica-se aos trotskistas. Os trotskistas com frequência são citados, ao menos por comunistas, como agentes ativos e conscientes de Hitler, e quando se apontam as muitas e óbvias razões pelas quais isso não tem como ser verdade, aquela linha de discurso do "objetivamente" é outra vez apresentada. Criticar a União Soviética ajuda Hitler; portanto, "trotskismo é fascismo". E quando isso fica estabelecido, é comum que a acusação de uma traição consciente seja reiterada.

Isso não é apenas desonesto; também traz consigo uma punição severa. Se você desconsidera os motivos de alguém, fica muito mais difícil prever suas ações. Pois há ocasiões nas quais até mesmo uma pessoa equivocada pode ver os resultados do que está fazendo. Eis uma grosseira, mas muito plausível elucidação. Um pacifista está trabalhando em um emprego que lhe dá acesso a informação militar importante e é abordado por um agente secreto alemão. Nessas circunstâncias seus sentimentos subjetivos *fazem* diferença. Se subjetivamente for pró-nazista, ele venderá seu país, e se não for, não o fará. E situações semelhantes em sua essência, conquanto menos dramáticas, acontecem o tempo todo.

Em minha opinião, uns poucos pacifistas são intimamente pró-nazistas, e partidos de extrema esquerda de um jeito ou de outro terão espiões fascistas em suas fileiras. O importante é descobrir *quais* indivíduos são honestos e quais não, e as usuais acusações genéricas tornam isso mais difícil. A atmosfera de ódio na qual se conduzem as controvérsias cega as pessoas para considerações desse tipo. Admitir que um oponente possa estar sendo honesto e inteligente é tido como algo intolerável. É mais iminentemente satisfatório gritar que ele é um tolo ou um patife, ou ambos, do que descobrir como de fato ele é. Foi esse estado mental, entre outras coisas, que fez com que as previsões políticas em nossa época fossem notavelmente malsucedidas.

O seguinte panfleto foi passado a um conhecido meu num pub:

<small>VIVA OS IRLANDESES!</small>
O primeiro soldado americano a matar um japonês foi Mike Murphy.
O primeiro piloto americano a pôr a pique um navio de guerra japonês foi Colin Kelly.
A primeira família americana a perder cinco filhos numa mesma ação e a ter um navio batizado com o nome deles foram os Sullivan.
O primeiro americano a abater um avião japonês foi Dutch O'Hara.
O primeiro guarda costeiro a localizar um espião alemão foi John Conlan.
O primeiro soldado americano a ser condecorado pelo presidente foi Pat Powers.
O primeiro almirante americano a ser morto comandando seu navio numa batalha foi Dan Callahan.
O primeiro filho da puta americano a conseguir quatro pneus novos com seu cartão de racionamento foi Abie Goldstein.

É possível que a origem dessa coisa seja irlandesa, mas é muito mais provável que seja americana. Não há nada que indique onde foi impressa, mas provavelmente vem da gráfica de alguma organização americana neste país. Se aparecerem mais manifestos do mesmo tipo, eu estaria interessado em tomar conhecimento deles.

Este número do *Tribune* tem inclusa uma longa carta do sr. Martin Walter, controlador do British Institute of Fiction-Writing Science Ltd., na qual reclama de que eu o difamei. Diz ele (a) que não alegou que a ficção literária se tivesse reduzido a uma ciência exata, (b) que seus métodos de ensino produziram *sim* muitos escritores de sucesso, e (c) pergunta se o *Tribune* aceita anúncios que acredita serem fraudulentos.

Com relação a (a): "Esse Instituto alega que tais problemas (de escrita ficcional) foram resolvidos por Martin Walter, o qual, convencido da veracidade da hipótese de que *toda arte é em sua essência uma ciência*, analisou mais de 5 mil histórias e posteriormente desenvolveu a Fórmula do Enredo, segundo a qual são construídas todas as suas próprias histórias e as dos seus estudantes em todo o mundo". "Estabeleci que a natureza do 'enredo' é estritamente científica." Declarações desse tipo estão disseminadas por todos os livretos e anúncios do sr. Walter. Se isso não é uma alegação de ter reduzido a escrita ficcional a uma ciência exata, que diabos seria isso?

Com relação a (b): quais são os escritores de sucesso que o sr. Walter lançou no mundo? Ouçamos seus nomes, e os títulos das obras que publicaram, e então saberemos em que ponto estamos.

Com relação a (c): um periódico não deveria aceitar anúncios que parecem ser fraudulentos, mas não há como peneirar tudo de antemão. O que deve ser feito, por exemplo, em relação a anúncios de editoras nos quais invariavelmente se proclama que cada livro mencionado é do mais alto valor possível? O mais importante com relação a isso é que um periódico não permita que suas colunas editoriais sejam influenciadas por seus anúncios. O *Tribune* tem tido muito cuidado em não fazer isso — e não o fez no caso do próprio sr. Walter, por exemplo.

    Talvez interesse ao sr. Walter saber que eu nunca me referiria a ele se não tivesse acompanhado o anúncio que ele inseriu há algum tempo com alguns exemplares gratuitos de seus folhetos (inclusive o da Fórmula do Enredo) e a sugestão de que eu talvez gostaria de mencioná-los em minha coluna. Foi isso que chamou minha atenção para ele. Agora eu o mencionei, e parece que ele não gostou.

Tribune, 8 de dezembro de 1944

*

Resenha
Nós, de E. I. Zamyatin

Vários anos após ter ouvido falar de sua existência, finalmente tive em mãos um exemplar de Nós, de Zamyatin, que é uma das curiosidades literárias dessa época em que se queimam livros. Procurando por ele em Twenty-five Years of Soviet Russian Literature [Vinte e cinco anos de literatura da Rússia Soviética], de Gleb Struve, descobri que sua história foi esta:

Zamyatin, morto em Paris em 1937, foi um romancista e crítico russo que publicou uma série de livros antes e depois da Revolução. Nós foi escrito por volta de 1923, e embora não seja sobre a Rússia nem tenha conexão direta com a política contemporânea — é uma fantasia que se passa no século XXVI d.C. —, sua publicação foi recusada por ter sido considerado ideologicamente indesejável. Uma cópia do manuscrito acabou saindo do país, e o livro veio à luz em traduções para o inglês, francês e tcheco, mas nunca em russo. A tradução para o inglês foi publicada nos Estados Unidos, e nunca consegui obter um exemplar; mas existem exemplares da tradução francesa (sob o título Nous Autres), e por fim consegui um emprestado. Até onde posso julgar não é um livro de primeira linha, mas certamente é fora do comum, e é espantoso que nenhum editor inglês tenha sido empreendedor o bastante para republicá-lo.

A primeira coisa que qualquer um notaria em *Nós* é o fato — nunca mencionado, creio eu — de que *Admirável mundo novo*, de Aldous Huxley, pode ter em parte derivado dele. Ambos os livros tratam da revolta do espírito humano primitivo contra um mundo racionalizado, mecanizado, indolor, e as duas histórias passam-se supostamente daqui a cerca de seiscentos anos. As atmosferas dos dois livros são similares, e grosso modo está-se descrevendo o mesmo tipo de sociedade, embora o livro de Huxley demonstre menos percepção política e seja mais influenciado por teorias biológicas e psicológicas recentes.

No século XXVI, na visão de Zamyatin, os habitantes da utopia perderam suas individualidades tão completamente que são conhecidos apenas por números. Vivem em casas de vidro (isso foi escrito antes de ser inventada a televisão), o que permite que a polícia política, conhecida como "Guardiões", os supervisione com mais facilidade. Todos usam uniformes idênticos, e um ser humano costuma ser referido ou como "um número" ou como "um unif" (uniforme). Vivem de alimento sintético e sua forma usual de recreação é marchar numa coluna de quatro indivíduos, enquanto o hino do Estado Único é tocado em alto-falantes. A intervalos determinados se lhes concede uma hora (conhecida como "hora do sexo") em que podem baixar as cortinas em toda a volta de seus apartamentos de vidro. Não existe, é claro, nenhum casamento, embora a vida sexual não pareça ser completamente promíscua. Para fazer amor, cada um tem uma espécie de talão de racionamento com cupons cor-de-rosa, e o parceiro ou a parceira com que passa uma de suas horas destinadas ao sexo assina o canhoto. O Estado Único é governado por um personagem conhecido como O Benfeitor, que é reeleito anualmente por toda a população, sempre com votação unânime. O princípio condutor do Estado é que felicidade e liberdade são incompatíveis. No Jardim do Éden o homem era feliz, mas em sua loucura ele exigiu liberdade e foi expulso para o deserto. Agora o Estado Único tinha restaurado sua felicidade ao lhe tirar a liberdade.

Até aí a semelhança com *Admirável mundo novo* é notável. Mas, embora o livro de Zamyatin seja menos bem montado — tem um enredo bem fraco e episódico que é complexo demais para ser resumido aqui —, ele tem um aspecto político do qual o outro carece. No livro de Huxley o problema da "natureza humana" é em certo sentido resolvido, porque ele supõe que mediante tratamento pré-natal, drogas e sugestão hipnótica o organismo humano pode ser especializado da maneira que se quiser. Um trabalhador de primeira linha na área científica pode ser produzido tão facilmente quanto um Épsilon meio idiota, e em qualquer dos casos os vestígios dos instintos primitivos, como o instinto maternal ou o desejo de liberdade, são tratados sem nenhuma dificuldade. Ao mesmo tempo, não se apresenta um motivo claro pelo qual a sociedade deva ser estratificada da maneira elaborada como a que é descrita. O objetivo não é a exploração econômica, e o desejo de oprimir e dominar tampouco parece ser um motivo. Não há sede de poder, nem sadismo, nem rigores de nenhum tipo. Os que estão no topo não têm motivação forte para estar no topo, e embora todos sejam felizes de um jeito vazio, a vida tornou-se tão sem propósito que é difícil acreditar que uma sociedade assim possa durar.

O livro de Zamyatin no todo tem mais relevância no que diz respeito à nossa própria situação. A despeito da educação e da vigilância por parte dos Guardiões, muitos dos antigos instintos humanos ainda estão lá. O relator da história, D-503, o qual, conquanto seja um engenheiro talentoso, é uma pobre criatura convencional, uma espécie de Billy Brown utópico da Cidade de Londres, fica constantemente horrorizado com os impulsos atávicos que às vezes o assaltam. Ele se apaixona (isso é crime, claro) por uma certa I-330, que é membro de um movimento subterrâneo de resistência e consegue durante algum tempo atraí-lo para a rebelião. Quando irrompe a revolta, parece que os inimigos do Benfeitor são de fato bem numerosos, e essas pessoas, além de tramarem para derrubar o Estado, também se entregam, quando as cortinas estão baixadas, a vícios como fumar cigarros e tomar bebidas alcoólicas. D-503 é no fim salvo das consequências de sua própria loucura. As autoridades anunciam que descobriram a causa dos tumultos recentes: é que alguns seres humanos sofrem de uma doença chamada imaginação. O centro nervoso responsável pela imaginação foi agora localizado, e a doença pode ser curada com um tratamento de raios X. D-503 passa por esse procedimento, depois do qual para ele é fácil fazer o que sabia o tempo todo que deveria fazer — isto é, trair seus confederados e entregá-los à polícia. Com total complacência ele vê I-330 ser torturada com aplicação de ar comprimido numa campânula de vidro:

> Ela olhou para mim, as mãos agarrando os braços da cadeira, até que os olhos se fecharam completamente. Eles a retiraram, fizeram-na voltar a si por meio de choque elétrico, e a puseram de novo na campânula. Esse procedimento foi repetido três vezes, e nem uma só palavra saiu dos lábios dela.
>
> Os outros, que tinham sido trazidos com ela, mostraram-se mais honestos. Muitos confessaram após uma aplicação. Amanhã serão todos enviados para a Máquina do Benfeitor.

A Máquina do Benfeitor é a guilhotina. Há muitas execuções na utopia de Zamyatin. Elas se realizam em público, com a presença do Benfeitor, e são acompanhadas por odes triunfais recitadas por poetas oficiais. A guilhotina, é claro, não é aquele velho e cruel instrumento, mas um modelo muito aperfeiçoado que literalmente liquida a vítima, reduzindo-a num instante a uma baforada de fumaça e uma poça de água límpida. A execução é, na verdade, um sacrifício humano, e à cena que a descreve se dá deliberadamente o tom sinistro das civilizações de escravos do mundo antigo. É uma percepção intuitiva do lado irracional do totalitarismo — sacrifício humano, crueldade como um fim em si mesmo, culto a um líder ao qual se creditam atributos divinos — que faz o livro de Zamyatin ser superior ao de Huxley.

É fácil ver por que o livro teve sua publicação recusada. A seguinte conversa (eu a abreviei um pouco) entre D-503 e I-330 seria suficiente para pôr em ação os lápis azuis da censura:

"Você se dá conta de que isso que está sugerindo é revolução?"
"É claro, é revolução. Por que não?"
"Porque não pode *haver* uma revolução. *Nossa* revolução foi a última, e nunca mais poderá haver outra. Todo mundo sabe disso."
"Meu querido, você é um matemático: diga-me, qual é o último número?"
"O que quer dizer com isso, o último número?"
"Bem, então, o maior número?"
"Mas isso é um absurdo. Números são infinitos. Não pode haver um último."
"Então por que está falando de uma última revolução?"

Há outras passagens semelhantes. Pode ser, no entanto, que Zamyatin não visasse ao regime soviético como alvo especial de sua sátira. Escrevendo mais ou menos na época da morte de Lênin ele não poderia ter em mente a ditadura de Stálin, e as condições na Rússia em 1923 não eram tais que alguém se revoltasse contra elas com base no fato de que a vida estava ficando segura e confortável demais. Zamyatin não parece visar a um país específico, mas aos objetivos implícitos da civilização industrial. Não li nenhum de seus outros livros, mas fico sabendo por Gleb Struve que ele passou vários anos na Inglaterra e até escreveu algumas sátiras empoladas sobre a vida inglesa. Em *Nós* fica evidente que ele teve forte inclinação para o primitivismo. Preso pelo governo tsarista em 1906 e preso depois pelos bolcheviques em 1922 no mesmo corredor da mesma prisão, tinha motivos para não gostar dos regimes políticos sob os quais vivera, mas seu livro não é apenas a expressão de uma queixa. É, com efeito, um estudo da Máquina, do gênio que o homem impensadamente deixou sair da lâmpada e não consegue pôr de volta dentro dela. É um livro a que se deve prestar atenção quando sair a versão em inglês.

Tribune, 4 de janeiro de 1946

*

Iugoslávia e expurgo de escritores —
(trecho selecionado da coluna As I Please)

Uma notícia relatando que a Iugoslávia está envolvida agora no expurgo de escritores e de artistas levou-me a olhar novamente os relatos sobre o recente expurgo literário na URSS, quando Zoschenko, Akhmátova e outros foram expulsos da União dos Escritores.

Na Inglaterra esse tipo de coisa ainda não nos está acontecendo, de modo que podemos observar com certo distanciamento, e, o que é bastante curioso, quando olho de novo os relatos do que aconteceu sinto mais pena dos perseguidores do que das vítimas. O mais importante entre os perseguidores é Andrei Zhdanov, que alguns consideram o mais provável sucessor de Stálin. Zhdanov, ainda que tenha conduzido expurgos literários antes, é um político em tempo integral com — a julgar por seus discursos — tanto conhecimento de literatura quanto o meu de aerodinâmica. Não dá a impressão de ser, por índole própria, um homem iníquo ou desonesto. Está verdadeiramente chocado com a defecção de certos escritores soviéticos, o que lhe parece ser um incompreensível ato de traição, como um motim de militares no meio de uma batalha. O propósito da literatura é glorificar a União Soviética: isso não deveria ser óbvio para todo mundo? Mas, em vez de cumprir seu simples dever, esses escritores equivocados desviam-se dos caminhos da propaganda, produzem obras não políticas, e mesmo no caso de Zoschenko, permitem que um tom satírico se insinue em seus escritos. É tudo muito doloroso e desconcertante. É como se você pusesse um homem para trabalhar numa fábrica excelente, moderna, com ar-condicionado, altos salários, jornada de trabalho curta, bons refeitórios e áreas de lazer, desse-lhe um apartamento confortável, jardim da infância para seus filhos, seguridade social e música ambiente enquanto trabalha — para surpreender esse sujeito ingrato jogando uma chave inglesa dentro da máquina no primeiro dia.

O que torna tudo isso um tanto patético é a admissão geral — uma admissão honesta, visto que os jornalistas soviéticos não têm o hábito de execrar seu próprio país — de que a literatura russa como um todo não é mais o que costumava ser. Uma vez que a URSS representa a mais elevada forma existente de civilização, é óbvio que deveria liderar o mundo na literatura, como em tudo mais. "Certamente", diz Zhdanov, "nosso novo sistema socialista, que corporifica o que há de melhor na história da civilização e cultura humanas, é capaz de criar a literatura mais avançada, deixando muito para trás as melhores criações de tempos antigos." O *Izvestia* (como citado pelo jornal nova-iorquino *Politics*) vai além: "Nossa cultura está num nível incomensuravelmente mais elevado do que o da cultura burguesa [...]. Não está claro que nossa cultura tem o direito de não agir como um discípulo e um imitador, mas, ao contrário, de ensinar aos outros a moral humana em geral?". E ainda assim, de algum modo, o que é esperado não acontece. São emitidas diretrizes, resoluções são tomadas por unanimidade, escritores recalcitrantes são silenciados: e assim mesmo, por algum motivo, uma literatura vigorosa e original, indubitavelmente superior à dos países capitalistas, não consegue emergir.

Tudo isso já aconteceu antes, e mais de uma vez. A liberdade de expressão teve seus altos e baixos na URSS, mas a tendência geral tem sido para uma censura mais rigorosa. O que os políticos aparentemente são incapazes de compreender é que não se pode produzir uma literatura vigorosa aterrorizando todo mundo para forçar sua conformidade. As faculdades inventivas de um escritor não vão funcionar a menos que se lhe permita dizer aproximadamente o que sente. Pode-se destruir a espontaneidade e produzir uma literatura que seja ortodoxa, mas fraca, ou se pode deixar que as pessoas digam o que optarem por dizer e correr o risco de que algumas delas enunciem heresias. Não há saída para esse dilema enquanto livros tiverem de ser escritos por indivíduos.

É por isso que, de certo modo, tenho mais pena dos perseguidores do que das vítimas. É provável que Zoschenko e os outros pelo menos tenham a satisfação de compreender o que está acontecendo com eles: os políticos que os atormentam estão apenas tentando o impossível. Seria razoável que Zhdanov e os de sua espécie dissessem: "A União Soviética pode viver sem literatura". Mas isso é exatamente o que eles não podem dizer. Eles não sabem o que é a literatura, mas sabem que é importante, que tem prestígio e que é necessária para fins de propaganda, e que eles gostariam de incentivá-la, se apenas soubessem como. Assim, continuam com seus expurgos e suas diretrizes, como um peixe batendo com o nariz na parede do aquário mais e mais uma vez, obtusos demais para se darem conta de que vidro e água não são a mesma coisa.

Tribune, 3 de janeiro de 1947

*

Resenha

A alma do homem sob o socialismo, de Oscar Wilde

A obra de Oscar Wilde está sendo agora muito revivida no palco e na tela, e é bom lembrar que Salomé e lady Windermere não foram suas únicas criações. Sua obra *A alma do homem sob o socialismo*, por exemplo, publicada pela primeira vez há quase sessenta anos, sobrevive notavelmente bem. Seu autor não foi, ele mesmo, em nenhum sentido ativo, um socialista, mas foi um observador inteligente e simpático à ideia; conquanto suas profecias não tenham se realizado, não se tornaram simplesmente irrelevantes com o passar do tempo.

A visão que Wilde tinha do socialismo, que na época provavelmente era compartilhada por muita gente menos articulada que ele, é utópica e anarquista. A abolição da propriedade privada, diz ele, possibilitará o desenvolvimento total do indivíduo e nos libertará da "sórdida necessidade de viver para os outros". No futuro socialista não só não haverá carência nem insegurança, como também não haverá dura labuta, nem doença, nem feiura, nem desperdício do espírito humano em fúteis inimizades e rivalidades.

A dor deixará de ser importante: de fato, pela primeira vez em sua história, o Homem será capaz de afirmar sua personalidade por meio da alegria, e não do sofrimento. O crime vai desaparecer, uma vez que não haverá motivo econômico para que ocorra. O Estado deixará de governar e sobreviverá apenas como uma agência de distribuição dos artigos necessários. Todas as tarefas desagradáveis serão realizadas por máquinas, e cada um será totalmente livre para escolher seu próprio trabalho e seu próprio modo de vida. Na realidade, o mundo será povoado por artistas, cada um empenhando-se por atingir a perfeição da maneira que lhe parecer melhor.

Hoje, essas previsões otimistas constituem uma leitura um tanto penosa. Wilde decerto percebeu que havia tendências autoritárias no movimento socialista, mas não acreditou que iriam prevalecer, e com uma espécie de profética ironia escreveu: "É difícil para mim pensar que qualquer socialista, hoje em dia, pudesse propor seriamente que um inspetor fosse bater toda manhã em cada casa para verificar se cada cidadão se levantou e fez trabalho físico durante oito horas" — o que, infelizmente, é justo o tipo de coisa que inúmeros socialistas modernos proporiam. É evidente que alguma coisa deu errado. O socialismo, no sentido de coletivismo econômico, está conquistando a terra com uma velocidade que dificilmente pareceria possível sessenta anos atrás, e ainda assim a utopia, pelo menos a utopia de Wilde, não ficou mais próxima. Onde, então, reside a falácia?

Ao se examinar mais de perto, percebe-se que Wilde faz duas suposições comuns, mas injustificadas. Uma é que o mundo é imensamente rico e padece sobretudo de uma má distribuição. Equilibre mais as coisas entre um milionário e um varredor de rua,* ele parece dizer, e haverá fartura de tudo para todos. Até a

---

* O termo usado, "crossing sweeper", refere-se a alguém que se antecipa a um pedestre varrendo a calçada à sua frente, em troca de uma gorjeta. (N. T.)

Revolução Russa essa crença era largamente aceita — "morrer de fome em meio à fartura" era uma expressão muito usada — mas era de todo falsa, e só sobrevivia porque os socialistas estavam sempre pensando nos países ocidentais altamente desenvolvidos, ignorando a terrível pobreza da Ásia e da África. Na verdade, o problema do mundo como um todo não é como distribuir a riqueza que existe, mas como aumentar a produção, sem o que a igualdade econômica significará apenas uma pobreza comum.

A segunda é que Wilde supõe ser simples fazer com que todos os tipos de trabalho desagradável sejam realizados por máquinas. As máquinas, ele diz, são a nossa nova raça de escravos, uma metáfora tentadora, mas enganosa, uma vez que existe uma grande quantidade de tarefas — grosso modo, toda tarefa que exija grande flexibilidade — que nenhuma máquina é capaz de realizar. Na prática, mesmo nos países com os mais altos índices de mecanização, uma quantidade enorme de trabalho maçante e exaustivo tem de ser feita de má vontade por músculos humanos. Mas isso ao mesmo tempo implica trabalho direcionado, horas fixas de trabalho, níveis salariais diferenciados e toda a arregimentação que Wilde abomina. A versão do socialismo de Wilde só poderia se concretizar num mundo não só bem mais rico, mas também tecnicamente muito mais avançado do que o atual. A abolição da propriedade privada por si mesma não põe comida na boca de ninguém. É apenas o primeiro passo num período de transição que deverá ser laborioso, desconfortável e longo.

Mas isso não quer dizer que Wilde esteja totalmente errado. O problema com períodos de transição é que as duras circunstâncias que eles geram tendem a se tornar permanentes. Segundo tudo indica, foi isso que aconteceu na Rússia soviética. Uma ditadura que supostamente se estabelecera com um propósito limitado se entrincheirou nela, e passa-se a pensar o socialismo como significando campos de concentração e forças de polícia secreta. O panfleto de Wilde e outros escritos afins — *Notícias de lugar nenhum*, por exemplo — têm, por consequência, seu valor. Podem estar pedindo o impossível, e podem — já que a utopia reflete necessariamente as ideias estéticas de sua própria época — parecer às vezes "datados" e ridículos, mas pelo menos olham para além de uma época de filas para comprar alimentos e de brigas partidárias, e lembram ao movimento socialista seu objetivo original, meio esquecido, de fraternidade humana.

Observer, 9 de maio de 1948

*

Resenha
Notas para uma definição de cultura, de T.S. Eliot

Em seu novo livro, *Notas para uma definição de cultura*, o sr. T.S. Eliot alega que uma sociedade verdadeiramente civilizada precisa de um sistema de classes como parte de seu fundamento. É claro que ele só está falando num sentido negativo. Ele não afirma que haja qualquer método pelo qual possa ser criada uma civilização avançada. Sustenta apenas que não é provável que uma tal civilização floresça na ausência de certas condições, das quais uma delas é a distinção de classes.

Isso abre uma perspectiva sombria, pois por um lado é quase certo que as distinções de classe do tipo antigo estão moribundas, e por outro lado o sr. Eliot tem pelo menos um forte exemplo *prima facie*.

A essência desse argumento é que os níveis mais altos de cultura só foram atingidos por pequenos grupos de pessoas — ou sociais ou regionais — que foram capazes de aperfeiçoar suas tradições durante longos períodos de tempo. A mais importante de todas as influências culturais é a família, e a lealdade à família é mais forte quando a maioria das pessoas tem como certo que passarão toda a vida no nível social em que nasceram. Além do mais, não tendo nenhum precedente como referência, não sabemos com que se pareceria uma sociedade sem classes. Sabemos apenas que, como as funções ainda teriam de ser diversificadas, as classes precisariam ser substituídas por "elites", termo que o sr. Eliot toma emprestado com evidente aversão do falecido Karl Mannheim. As elites planejarão, organizarão e administrarão: que possam tornar-se os guardiões e transmissores da cultura, como foram certas classes sociais no passado, disso o sr. Eliot duvida, talvez justificadamente.

Como sempre, o sr. Eliot insiste em que tradição não significa culto ao passado; ao contrário, a tradição só está viva enquanto cresce. Uma classe pode preservar uma cultura porque ela é em si mesma algo orgânico e em mutação. Mas aqui, o que é bastante curioso, o sr. Eliot deixa escapar o que poderia ser o argumento mais forte neste caso. Isto é, que uma sociedade sem classes dirigida por elites pode calcificar-se depressa, simplesmente porque seus governantes estão capacitados a escolher seus sucessores, e sempre escolherão pessoas que se pareçam com eles.

Instituições hereditárias — como poderia ter argumentado o sr. Eliot — têm a virtude de ser instáveis. Têm de sê-lo, porque o poder estará constantemente sendo transmitido a pessoas que ou são incapazes de exercê-lo, ou o usarão para fins não pretendidos por seus antepassados. É impossível imaginar qualquer corpo hereditário que dure tanto tempo, e com tão poucas mudanças, quanto uma organização adotiva, como a Igreja Católica. E é pelo menos concebível que outra organização adotiva e autoritária, o Partido Comunista russo, tenha uma história semelhante. Se ele se consolidar numa classe, como alguns observadores acham que já está fazendo, então vai mudar e se desenvolver como as classes sempre fazem. Mas se continuar a cooptar seus membros de todos os estratos da sociedade, e depois treiná-los na mentalidade desejada, poderá manter seu formato quase inalterado de geração em geração. Em sociedades aristocráticas o aristocrata excêntrico é uma figura familiar, mas um comissário [do povo] excêntrico é quase uma contradição em termos.

Ainda que o sr. Eliot não tenha empregado esse argumento, ele alega que mesmo o antagonismo entre classes pode ter efeitos frutíferos para a sociedade como um todo. Isso provavelmente também é verdade. Mas continua-se a ter, ao longo do livro, o sentimento de que existe algo de errado, e que ele mesmo tem ciência disso. O fato é que o privilégio de classe, assim como a escravidão, de algum modo deixou de ser defensável. Ele conflita com certas premissas morais que o sr. Eliot parece compartilhar, embora intelectualmente possa estar em desacordo com elas.

Ao longo de todo o livro sua atitude é notadamente defensiva. Quando se acreditava sem restrições em diferenças de classes, não se achava ser necessário reconciliá-las quer com a justiça social, quer com a eficiência. A superioridade da classe governante era tida como autoevidente, e, seja como for, a ordem prevalente era a que Deus tinha ordenado. O mudo e inglório Milton* é um caso triste, mas não remediável deste lado da sepultura.

Mas não é isso, de modo algum, o que o sr. Eliot está dizendo. Ele gostaria, assim diz, que existissem classes *e também* elites. Deveria ser normal a um ser humano mediano atravessar a vida em seu predestinado nível social, mas por outro lado o homem certo deveria ser capaz de encontrar seu caminho para o trabalho certo. Ao dizer isso, parece que ele está quase abrindo mão de todo o seu raciocínio. Pois se as diferenças de classes são desejáveis em si mesmas, então o desperdício de talento ou a ineficiência nos altos

---

* Referência a um verso de Thomas Gray, "Some mute inglorious Milton here may rest", que alude a um Milton despojado de fama e glória, isto é, gente comum, em túmulos comuns, no esquecimento. (N. T.)

níveis são relativamente desimportantes. O desajustado social, ao invés de ser dirigido para cima ou para baixo, deveria aprender a se contentar com sua própria situação.

O sr. Eliot não diz isso; na verdade, pouquíssimas pessoas em nossa época o diriam. Seria ofensivo em termos morais. Por isso, provavelmente, o sr. Eliot não acredita em diferenças de classes como acreditavam nossos antepassados. Sua aprovação a elas tem um sentido apenas negativo. Isto é, ele não consegue ver como qualquer civilização que valha a pena pode sobreviver numa sociedade na qual as diferenças que advêm de contextos sociais ou origens geográficas tenham sido removidas.

É difícil dar qualquer resposta afirmativa a isso. Tudo indica que as velhas distinções sociais estão desaparecendo em toda parte, porque suas bases econômicas estão sendo destruídas. É possível que estejam aparecendo novas classes, ou que já esteja à vista uma sociedade genuinamente sem classes, o que o sr. Eliot presume que levará a uma sociedade sem cultura. Ele pode ter razão, mas em alguns pontos seu pessimismo parece ser exagerado. "Podemos afirmar com alguma segurança", ele diz, "que nosso próprio período é de declínio; que os padrões da cultura estão mais baixos do que eram há cinquenta anos; e que a evidência desse declínio é visível em cada setor da atividade humana."

Isso parece ser verdadeiro quando se pensa nos filmes de Hollywood ou na bomba atômica, mas menos verdadeiro quando se pensa nas roupas e na arquitetura de 1898, ou em como era a vida de um trabalhador desempregado no East End de Londres nessa data. Seja como for, como admite no início o próprio sr. Eliot, não podemos reverter a tendência atual mediante uma ação consciente. As culturas não são fabricadas, elas crescem por vontade própria. Seria demais esperar que uma sociedade sem classes secretasse uma cultura dela mesma? E antes de descartar nossa própria época como irrevogavelmente condenada, não valeria a pena lembrar que Matthew Arnold e Swift e Shakespeare — para voltar na história apenas três séculos — estavam igualmente certos de que viviam numa época de declínio?

Observer, 28 de novembro de 1948

*

1ª EDIÇÃO [2017] 9 reimpressões

ESTA OBRA FOI COMPOSTA POR ACOMTE
EM CAECILIA E IMPRESSA PELA GRÁFICA BARTIRA
EM OFSETE SOBRE PAPEL PÓLEN SOFT DA SUZANO S.A.
PARA A EDITORA SCHWARCZ EM MAIO DE 2021

A marca FSC® é a garantia de que a madeira utilizada na fabricação do papel deste livro provém de florestas que foram gerenciadas de maneira ambientalmente correta, socialmente justa e economicamente viável, além de outras fontes de origem controlada.